Chinese Leisure Studies 2013

中国休闲研究学术报告 2013

马惠娣 魏翔 / 主编

北京·旅游教育出版社

内容简介

《中国休闲研究学术报告2013》共收录了13篇文章,这些文章的作者分别来自哲学、社会学、艺术人类学、文化学、文学、管理学、经济学、未来学等不同学科。其选题可谓各具特色,突出了时代性、实践性、理论性。每一个主题的关注角度各不相同,既有形而上的思考,也有战略性的阐发;既有调查中的研究与比较,也有对学术文献的综述与解读。文章的作者们均是来自各个学科的精英,他们既用常用的研究方法为自己的"论题"推出合理的思想,也用新的视角(甚至是旧说新论)给出不同以往的分析结论。我们的编辑宗旨是寻求多学科的对话。静下心来阅读这些文章,颇耐人寻味,也引人入胜。

编委会

主　　任：冯长根
编　　委：马惠娣　王　宁　王雅林　卢　风　宁泽群
　　　　　刘方喜　朱佩芬　张仁军　程遂营　魏　翔
主　　编：马惠娣　魏　翔

序一

王文章[①]

《中国休闲研究学术报告2013》收录了中外学者13篇文章,这些文章的选题都很好。我注意到有这样几个特点:一是作者学科背景的广泛性;二是这些论题都关注到了当代休闲的现实问题;三是收录了国外学者的研究成果,展现了他们的视角和研究方法,对中国学者会有启发;四是对现实问题的理论分析有较独到的见解和真诚的反思。我觉得,中国正发展中的休闲文化会得益于这些理论成果,因而对这些研究成果应该充分珍视。同时,这些研究成果本身也说明中国休闲研究正在形成自己的学术范式和树立良好的学风,这些都是值得肯定的。

我还注意到,这几年连续出版的《中国休闲研究学术报告》,始终坚持中国休闲研究宗旨:关注国计民生中的休闲,关注休闲中的人文关怀,关注休闲中的文化取向,关注休闲中的文化现象。这不禁让我想起中国休闲学的奠基者于光远先生对我们的一贯教诲,他生前曾多次在会议上指出休闲文化研究理论联系实际的重要意义。他认为"休闲是当前文化生活中的大问题、时代大问题"。2009年国际休闲社会学会议在北京召开,他为大会所作的题词就是:"关注国计民生中的休闲,关注休闲中的人文关怀。"作为一个科学家,他知道选题的价值,在这方面他对大家有严格的要求和热切的期待。在本书这些作者中,也许有的是于老的学生,即便不是,这么多年大家的休闲研究都得益于他的思想和研究方法,所以我从中看出大家对于老的敬重和对他的思想的认同。

我个人认为,休闲研究与其他学科研究相比较有其独特性,那就是它与

[①] 王文章,中国艺术研究院院长,原文化部副部长,中国休闲研究学术顾问。

每个人每一天的生活和行为联系在一起。因此,我们的研究应源于生活、源于现实。回望历史,要深入挖掘传统休闲文化资源;着眼未来,着眼于人民群众文化生活的协调发展。

休闲与艺术的关系密切,这里的艺术是一个广义的概念,指我们生活中一切美好的事物,包括大众的文化生活、审美生活,比如欣赏歌舞、戏剧、影视、文学、雕塑、建筑、摄影、绘画作品,以及欣赏大自然等;再比如手工艺、民间演出、养花护鸟、"绝活"等,都在健康休闲的范畴。这些应当是休闲文化的主旋律,也应当是休闲生活的主旋律。在这方面,无论是艺术专业的学者,还是其他专业方面的学者都应该给予足够的重视。但以我的观察,似乎艺术专业研究者对休闲生活领域的关注和研究还不够。希望今后看到更多的艺术家、学者积极参与这方面的研究和休闲文化的传播。

总之,看过这册学术报告,欣慰于大家从学术上关注休闲文化研究。唯如此,才可能指导休闲文化实践持续、健康地走向未来。

序二

冯长根[①]

在人大会议召开前夕,记者采访我,我说,中国科技在讲自己的故事:过去的一年里,"蛟龙"号首次完成试验性应用航行;中国航母辽宁舰也已初步形成战斗力;除此之外,我们还共同见证了中国航天技术一座闪亮的里程碑——嫦娥三号探测器在月球成功实现软着陆。推动全国经济发展一个很重要的方面是科技创新,这是全世界发达国家的共识。未来,希望能够听到越来越多的中国创造的故事。

我之所以先讲这段话,是觉得科技创新与人们的休闲观念有很深的联系。从科技史上讲,人类早期的各种科学发现与技术发明都和人的兴趣、爱好、休闲生活联系在一起。

爱因斯坦这位科学巨人常对人说:学习时间是个常数,它的效率却是个变数,单独追求学习时间是不明智的,最重要的是提高学习效率。他概括了两句话:工作和休息是走向成功之路的阶梯,珍惜时间是有所建树的重要条件。所以他说,是闲暇时间将人区别开来。他的一生一个重要的业余爱好,就是拉小提琴,而且拉得非常好。

诺贝尔被誉为"炸药之父",他的一生发明极多,获得的专利就有255种,其中仅炸药专利就达129种。作为发明家、科学家,他有着丰富的想象力和不屈不挠的毅力。尽管,他生活中的大部分时间用于发明创造,但是,他对文学有长期的爱好,在青年时代曾用英文写过诗,还试图写一部小说;他也对各种人道主义和科学的慈善事业捐款十分慷慨,把一生的财产都捐献出来,给后人留下了诺贝尔奖。

[①] 冯长根,中国休闲哲学专业委员会主任委员,中国科协副主席,全国人大常委会常委,北京理工大学博士生导师。

在中外科学史上，这样的例子不胜枚举，有一个统计学意义上的启示：大凡有大贡献的人(包括科学家、发明家、艺术家、文学家等)他们都有广泛的兴趣和爱好，有一个发散型的思维方式，把从事的事业(工作)作为自己的"试验田"，全身心地投入进去……我在英国留学，曾亲身感受到"下午茶"和"喝咖啡"对"茅塞顿开"所产生的影响。所以，我们的确需要研究科学与休闲的关系。它们之间肯定有很深奥的逻辑关系，我想，应该成为休闲研究的重要课题。

《中国休闲研究学术报告2013》多视角地研究了现实生活中的休闲问题，既有理论的阐释，也有个案的调查报告；既有对某项政策的反思，也有中外比较中的启迪。这些研究成果是有价值的。

遗憾的是，中国休闲研究对科技创造与休闲的关系关注比较少，大概这个问题还没有引起相关部门和学者们的重视，值得我们省思。

中华民族的伟大复兴要靠科技的发展，也要靠文化的繁荣，休闲研究中这两个方面应当并重。希望我们的研究水准不断提升，我们的科研选题更富有时代意义。

前　言

《中国休闲研究学术报告2013》共收录了13篇文章,这些文章的作者分别来自哲学、社会学、艺术人类学、文化学、文学、管理学、经济学、未来学等不同学科。其选题可谓各具特色,突出了时代性、实践性、理论性。每一个主题的关注角度各不相同,既有形而上的思考,也有战略性的阐发;既有调查中的研究与比较,也有对学术文献的综述与解读。

我们的编辑宗旨是寻求多学科的对话。

休闲社会学家约翰·凯特在《走向自由》一书的"序言"中曾说过这样一段话:"'休闲',是一个复杂而富于变化的现象,很难讲哪一个层面最关键,哪一种研究方法最适用。作为称职的社会学家、哲学家,或其他专业工作者,只好运用本学科之内的分析概念,使用那些在学生时代学来的研究方法进行研究。由于难把握研究对象的某些参数,我们只好做一些熟悉的划分。"

无疑,这13篇论文的作者们均是来自各个学科的精英分子,他们既用熟悉的研究方法为自己的"论题"推出合理的思想,也用新的视角(甚至是旧说新论)给出不同以往的分析结论。因此,静下心来阅读这些文章,颇耐人寻味,也引人入胜。

卢风教授系清华大学哲学系主任,长期做环境伦理研究,颇有建树,近些年把研究视角投向生活哲学。角度的变化,不仅凸显了作者"文以载道"的胸怀,也打开了经典文献的"又一扇门"。福柯是哲学界学者们的"老朋友",但对他的"关心自己"的思想还比较陌生。卢风教授在文章中初步地介绍了福柯强调的一个哲学论题"关心自己"——核心思想是"向内"追求,即修身和净化自己,而不是一味地"向外"索取。这个观点显然继承了古希腊的文化传统，对于当代"经济人"不懂得"关心自己"，只知道一味地"外向搜求"，无休止地追求物质财富，僭越了人的本分的现状是一种警示。

刘方喜教授，乃中国社会科学院文学所一员干将，对美学和文化哲学有较深造诣，因此他的论文是从文化战略的高度"俯瞰"了休闲与休闲研究。他认为，广义的休闲活动，就是广义的文化活动，文化在当今中国国家整体发展格局中获得了战略性的地位，休闲某种程度上也具有这种战略性地位。一方面，从文化战略乃至国家整体发展战略的角度研究休闲文化，另一方面，从休闲的角度研究文化乃至国家整体战略，具有多方面重要意义。因此，应引起社会各界高度关注。这篇文章，给我们很多启迪。

方李莉教授是中国艺术研究院艺术人类学研究所所长，费孝通先生的嫡传弟子，在"艺术人类学"和"文化自觉"两个领域做长期的跨学科对话。她认为，休闲生活看似简单，即是工作以外的业余生活，但，其实不然。对休闲生活的探讨是极其重要的，因为，这不仅体现了一个民族文化的价值观，还体现了不同时代文化的价值观。这种价值观会确立我们生活方式、消费方式甚至生产方式的走向。方教授作为艺术人类学学者，试图从"文化自觉"的视角来讨论中国人休闲生活与中国人的文化价值观，令人深思。

王宁，中山大学社会学教授，在休闲消费领域有开创性的研究，是中国休闲研究的佼佼者和先行者。他在这篇文章中，借鉴经济学中的舒适物理论，以建构休闲消费的生产性功能。为此目的，他把舒适物系统与休闲城市和消费城市联系起来，进而揭示休闲城市何以能促进产业转型升级的机制。休闲城市之所以能促进产业升级的根本性原因在于它提升了生活质量，构成对持有高人力资本的人才，尤其是高新技术人才的吸引力，而高新技术产业公司的选址行为则在很大程度上取决于高新技术人才的择地偏好。在此意义上，建设一个适合于休闲、娱乐、消费与生活的城市，客观上有助于城市的产业升级，为正在转型的城镇化建设打开了新思路。

魏翔，北京第二外国语学院中国闲暇时间研究中心主任，为闲暇时间研究的后起之秀，近些年有不俗的成就。魏翔的经济学背景，使他一直以构建模型的方式，研究闲暇时间问题。在这篇文章中，他以闲暇对经济效率的积极作用为基础,建立内生增长模型。他利用 OECD 国家 30 年的面板经济数据,分析闲暇对经济效率提升的内在作用机理,讨论了闲暇与经济社会发展水平的关系,并提出了中国转变经济增长方式的发展路径。对目前中国经济改革,特别是国家实施带薪休假制度有重要的参考价值。

宁泽群教授,北京联合大学旅游学院休闲与现代旅游研究所所长,长期研究旅游问题,善于提出问题、反思问题。他的文章是在中国旅游迅猛发展的背景下,试图从中观察到旅游、旅游业面临的潜在风险和挑战。他在文中,从现实与未来两个角度,阐释与分析旅游现象说明了什么,是什么原因导致目前中国旅游现状的混乱。作者的笔触理性而客观,并透过现象寻找导致这种状况的各种影响因素和逻辑关系。这样的分析虽然不那么"中听",却是一语中的,准确而不失客观。

王兴斌教授,北京第二外国语学院资深教授,对旅游与休假制度有全面、系统的考证与研究,不仅学问好,而且有担当。他近期出版了《旅坛忧思录》,洋洋百万余言,是忧心之作、直言之作、良知之作。我们收录的此篇,当是浓缩了其思想精华,对当前世界各国休假制度(包括日常休闲、周末休假、带薪年假和法定节日等 4 个方面)做了全面、细致的梳理。他认为,中国目前 115 天的全年休假时间与世界多数国家接近,但结果是各类休假的质量不高。其中带薪休假与错峰休假在国际上,已是"共识"与"惯例",可是在中国已呼唤了多年,并未取得我们的"共识",未纳入其"惯例"。因此,王教授呼吁:把自主安排带薪年休假的权力还给国民,实施错开休假时段、减缓集中休假、落实带薪休假,保障社会经济文化生活的正常运行,既是当务之急,也是建设和谐社会的长远之计。但愿,这样的建议能对决策者有所影响。

吴承忠,对外经济贸易大学文化与休闲产业研究中心主任、副教授,近些年在休闲产业研究方面多有见地,在他的带领下,形成了一个研究团队。利用这一优势做了很多实证性的调研与分析。他的论文关注了城市文化规划的问题,并采用文献研究方法对已有成果进行梳理、归纳分析,对文化规划的概念、类型、流程、功能和基本方法进行阐述,较系统地回顾国内外文化规划的历史。他们的分析表明：国内文化规划相较国外仍处于初期阶段，与国外基于广义文化制定的整合措施及公共参与的政策导向相比较存在较大差距。这篇文章对中国正在起步的文化产业规划有重要的启迪意义。

程遂营，河南大学历史文化学院旅游系教授，曾有一年时间作为教育部交流学者访问美国，专攻休闲学，回来即完成著述《北美休闲研究：学术思想的视角》一书，引起广泛的关注。近些年来，他携学生所作的调研报告，都有上乘的表现。本书收录的文章，关注公共休闲服务供给与制度设计，展示了对学术资料的驾驭能力，并做了细致与系统的梳理。文中介绍了英、美等发达国家在公共休闲服务与制度设计上的经验，也对我国公共休闲供给现状，特别是在政策法规、机构设置、供给状况、非营利组织等几个方面所存在的差距予以客观的评价。程教授认为：如何对我国公共休闲服务供给方式及其制度进行合理化设计，将是一个紧迫而又重要的课题。

张仁军，留美博士后、教授，重庆理工大学旅游管理系主任。近年对休闲管理的研究引人关注，选题常常独辟蹊径，论证处处体现美国学派，学术态度颇具人文主义风格。他与同行合作，关注了公园建设问题。他们的论文认为，近年来国内城市公园建设发展迅速，但是仍然与国际先进国家和地区存在较大差距。通过对重庆、深圳、香港、美国卡城城市公园进行对比发现，国内公园目前存在的问题主要表现在：空间分布不均，难以体现社会服务均等化要求；过于强调管理职能，忽视了服务职能；休闲功能重视不够；公益性不强。这是实证性很强的文章，却简明扼要、观点鲜明。

王程韡，清华大学科技与社会研究中心讲师，80后，被人誉为"学术新星"。有扎实的学术基本功，学问规范、视角独到。他在《休闲文化与英国"集体发明"的起源》一文中，考察了英国近代史，发现"集体发明"是使工业革命能够在英国迅速发展的关键力量。他的文章从农业革命和工业革命的关系入手，首先否定了"集体发明"源自于一般"精英"主导式创新扩散的可能，从社会惯习的角度，探究了以啤酒馆为载体的休闲生活如何填补了宗教改革后社会交往的空白，进而产生了超越阶级、地域和宗族的集体性。最后强调了这种生产的集体性能够通过生活文化萌生，同时离不开宗教改革对传统家庭组织模式的冲击。结论认为,当时淡漠的家庭关系同时构成了英国个人主义和集体主义的社会基础。与之比较,王博士也指出了中国茶馆没有衍生出"集体发明"的原因。

刘耳、马惠娣,长期合作伙伴。刘耳,哈尔滨工业大学威海分校人文学院教授,人喜静,性淡泊,行学者之道,先后参与了两套"西方休闲研究译丛"的翻译工作。二人的文章聚焦于休闲管理,文中指出:美国是对现代休闲研究做出杰出贡献的国家之一,与欧洲学派不同,它在继承古希腊休闲思想传统的基础上,创造了一系列的数理统计模型、统计学、系统管理方法,并应用于对休闲与人、与自然、与社会现象之间关系的研究中,为美国休闲与休闲产业的健康发展提供了重要的理论指导。文章梳理了美国休闲管理理论的缘起、特点、目标、价值观,以期对主导中国休闲产业发展的决策者、领导者、规划者、营销者、研究者提供可资借鉴的史料与管理模式。

戈比教授是美国宾州大学退休的终身资深教授,马惠娣作为中国第一个受邀的休闲学者于1998年访问了他,也开启了他与中国休闲研究的不解之缘。他是中国休闲学者的良师益友,也是促进中美学术交流的使者。因此,他的论文关注了中国的休闲改革问题。他认为,中国正进入一个新的改革期,伴随城镇化建设和公民社会建设,也伴随反腐、治污、实现社会公平等社会变革的发生,如何使国民平等享用休闲、娱乐、公园、文化生活、体育及相关领域的活动,成为生活模式中必须认真思考的问题。他认为,在西方国家,这涉及到三类组织,即政府、私人非营利机构,以及公民组织,它们应成为中国休闲改革的核心。戈比教授的思路非常值得认真对待。

的确,编辑一本书,其中渗透着编者的多重意图,这些年陆续出版的几部《中国休闲研究学术报告》由过去的"论文集结",到现在的"目的性",既不为出版而凑数出版。我们在选文章时,注重时代性、注重现实性、注重问题域、注重文献价值、注重对学界和决策层产生一定的影响。多年的实践和责任让我们多有体悟。

还是于光远先生说得好:"我们的研究工作不应该限于一般的、抽象的思辨,而是要去作特殊的、具体的研究,向着实践的方向前进,直到实践生活中显示出这种研究的重要意义。""一是从中国社会主义的实际出发;二是开展以社会的自然为对象的各个学科的研究,形成有利于解决社会建设中的实际问题的哲学工具。"我想,这不仅是学派的传承,也是学风与文风的养成。

这13篇文章具有"五个注重"的特点,比如卢风、王宁、思贝瑞肯对经典文献的理解和运用,以及体现出的人本主义精神;比如刘方喜、方李莉、戈比的文章大气、高远;比如王兴斌、宁泽群文章中追问不已、切中时弊;比如魏翔、程遂营、张仁军、吴承忠深入调查、落笔有神;比如王程韡、刘耳、马惠娣在研读西方文献时,从中读出别样的味道,不是单纯地引介,而是引申思考、提出问题。其中大多数文章的文献与资料索引都很有价值,都值得同行们的关注。这些文章还有共同的特点:关注休闲现实中的问题,且言之有据,不做空洞的论述,不做"忽悠人"的结论,不做"故作高深"的思想,不做"不着边际"的引论。

另一个要说明的是,书中的英文文章,没有译成中文,是考虑到该书的读者主要为研究者,一般来讲,提供原文,读者的理解也许更到位,同时有助于读者英语水平的提升。

最后,感谢各位作者为中国休闲研究所奉献的思想、方法、学风、文风,以及他们在百忙中对文章的反复思索与修改。

我们这个时代知识更新太快了,难免跟不上步伐,而影响了编辑质量,对此,请诸位方家、同人、读者予以恕谅。

马惠娣
2014年3月17日完稿

目 录

"关心自己"与诗意的栖居	卢 风	1
休闲的文化战略学考察	刘方喜	6
"文化自觉"视角中的休闲生活及其价值	方李莉	12
舒适物、休闲城市与产业升级	王 宁	20
闲暇对经济系统的影响研究	魏 翔 王鹏飞	29
中国旅游的发展与反思	宁泽群	40
中国国民休假制度的思考	王兴斌	50
休闲视野下的城市文化规划进展	吴承忠 田 昀	66
公共休闲服务供给与制度设计	程遂营 彭璐璐	79
中美城市公园比较研究	张仁军 康文肖 惠 红 刘 聪	106
休闲文化与英国"集体发明"的起源	王程韡	114
美国休闲管理理论述评	刘 耳 马惠娣	129
Reforming Leisure in China	Geoffrey Godbey	142

"关心自己"与诗意的栖居

卢 风[①]

【摘　要】"关心自己"是福柯强调的一个哲学论题,核心思想是"向内"追求,即修身和净化自己,而不是一味地"向外"索取。现代"经济人"不懂得"关心自己",只知道一味外向搜求,无休止地追求物质财富,而不再追求人生智慧和境界。现代人僭越了人的本分,离诗意的栖居越来越远。

【关键词】"关心自己"　修身　诗意的栖居

当代中国人,特别是各行各业的精英们,太忙了。他们忙着创新,创造工作业绩,追求卓越,追求金钱、权力、名誉、地位等。凡可称得上精英的人们,都极为重视效率。他们在周末或"黄金周"也去旅游、度假、休闲,但他们连休闲也讲求效率。例如,出去旅游一次,一定要尽可能多地看一些景点,免得浪费时间。他们在休闲时,也未必在享受休闲的过程,而是为了让工作时处于紧张竞争和巨大压力中的自我得以放松,即释放压力,以便回到生意场和工作岗位后,又能很好地参与竞争、顶住压力。

也不仅精英们才这么忙,"小资"们也很忙。"小资"们效仿、仰慕、追随精英。

现代人都是理性人,亦即"经济人",都直奔自我利益,即一事当前首先考虑自我利益。按说这样的人是最"关心自己"的,其实不然。他们根本没有学会"关心自己"。

"关心自己"是福柯在其生命的最后岁月着力强调的一个哲学论题。据福柯考据,苏格拉底在劝诫别人"认识自己"时要求他们"关心自己"(epimeleiaheautou)。首先,"'关心自己'是一种态度:关于自身、关于他人、关于世界的态度;其次,'关心自己'也是某种注意、看的方式。'关心自己'包含有改变他的注意力的意思,而且把注意力由外转向'内'……人们必须把注意力从外部、他人和世界转向'自己'……第三,'关心自己'不只是指这种一般态度或这种把注意力转向自己的方式,也是指某些人自身训练

[①] 卢风:清华大学哲学系主任、教授。

的活动,人通过它们控制自己、改变自己、净化自己和改头换面。由此,就有了一系列的实践,大部分都是(在西方文化、哲学、道德和精神史上)有着特别漫长遭遇的训练。比如,沉思的技术、记忆过去的技术、良心考验的技术、根据表象对精神的表现来检验表象的技术,等等。"①福柯把这种意义的"关心自己"的问题称作"精神性问题"。而"最古老的、最根本的'关心自己'和精神性问题……是达至真理的条件。"②强调关心自己,是要求人们重视与实践不可脱离的生活智慧,对前苏格拉底的哲学家来说,"不通过某种实践是达不到真理的,这类非常特殊的实践改变了主体的生存方式"。"在苏格拉底之前,就有着一套修身的技术,它与认识有关,涉及通向真理的特殊知识。"③所以,"关心自己"就是修身,就是净化自己,"不净化自己就接触不到诸神手中的真理"。④

说现代"经济人"不懂得"关心自己",主要指他们只知道一味外向搜求,而基本上不会"向里用力",即不会修身,不注重净化自己,不善于控制自己的欲望,不重视提高自己的境界。他们不懂得一个简单的道理:在物质生活资料有基本保障的条件下,你的幸福感根本不取决于你的物质财富或收入是否增长,而直接取决于你的心态和境界。如果你心态平和且境界超然,则自然幸福。反之,如果你心浮气躁、患得患失,则即使日进斗金也不会幸福。注重修身,保持平和的心态,着力提高自己的境界,才是真正的关心自己。

一个人有了境界才能诗意地栖居在大地上,反之,如果你能诗意地栖居,则你必有极高境界。

"诗意的栖居"源自德国诗人荷尔德林的诗。在《海德格尔全集》第75卷中,有一篇文章《通过荷尔德林来界定诗意》(1970年7月),海德格尔根据荷尔德林一首诗中出现的"不诗意"字样概括了四个不诗意的方面:无限,不平和,不简明,不可抑制(难以控制)。与其相反则是诗意:有限,平和,简明,有节制(有分寸)。海德格尔特别强调"无限"是最不诗意的方面。

"诗意的栖居"并不意味着一定要写诗:人也并不是写诗时才是诗人,诗只是人的诸多工作之一。人的天性和本质就是诗意的(不同于某些哲学家宣称的人是"理性"的动物,或人的本质是他的生物本能、动物性,或者一种超人的意志,抑或是社会中的劳动主体)。"诗意"不但是所有其他艺术的本质,更是人之生存的本质。人天生是一种诗

---

① 米歇尔·福柯著,佘碧平译《主体解释学》上海人民出版社2005年,第12-13页。
② 米歇尔·福柯著,佘碧平译《主体解释学》上海人民出版社2005年,第33页。
③ 米歇尔·福柯著,佘碧平译《主体解释学》上海人民出版社2005年,第50页。
④ 米歇尔·福柯著,佘碧平译《主体解释学》上海人民出版社2005年,第51页。

性的存在。

人居住在语言里,但不是作为日常工具的功利的语言,如科技、电脑、商业语言等,更不是传统形而上学对象化的语言(这种语言由判断构成),而是诗的语言。只有通过诗的语言,真正的栖居才成为可能。

海德格尔指出,希腊文的创造 POESIS 既包括手工的创造,又包括语言的创造,即作诗。

人的本质是有限的,但他不应止步于此,应与比他自己更高者看齐,神圣是人存在的尺规和衡量标准。神圣或自然是人的镜子。并且只有通过用神圣衡量自身人才能认识到他作为人的有限性。否则人性里总有一种自认为无所不知、无所不能的危险的自大倾向。

自然对诗人们来说并不只是自然物,更是自然中孕育的神性。这就是诗人们与自然科学以及形而上学不同的独特的自然观。这种神性年复一年地教化着诗人,它在我们的现实中无处不在。诗人的自然观绝不会导致人对自然无止境的掠夺和利用,而要求人如同守护亲人般地守护自然,与它协同共生。人尊重自然的规律和美德归根结底还是因为他能认识到自己的有限性。

人的诗意本质在于作为有限的人能够走出自身,以神圣为自身存在的尺规和标准来度量自身。诗意并不只在于他是有限的,更因为在有限中他能仰望星空,以神圣的崇高来衡量并追求他的人性美。人的栖居本质上就是诗意。以神圣为尺规的栖居是超越的人生——人认识到他的有限和必死性,并将无限保存在他有限的内在生命之中——通过节奏的方式(节奏表现为人的生命律动,也因此构成了艺术的普遍规律,诗和音乐的节奏是突出的例子)。节奏是人以他有限的生命持存无限的方式,是构成人之同一性的关键,使他既不在时间与变化的洪流中丧失某种形式的"自我"和个性,也不同于唯心主义的绝对主体——没有节奏,没有时间性,而只是一个空洞的逻辑建构。

诗意是人的本质。这种本质的核心就是认识到自己的有限性并仍然能与无限者看齐。只有通过这种衡量人才真正成为人。而看齐绝不意味着将自己与他们等同!诗意既不是把人变成神,也不是把神变成人,而是回忆,保持并尊重二者之间的距离与平衡,因为诗意就全在这个"之间"[①]。

根据荷尔德林和海德格尔的基本思想,如果我们能做到如下四点就大致可算是诗

---

① 参见佘诗琴著:《荷尔德林:理性批判与人的诗意栖居》德国奥登堡大学图书馆在线出版,2012年。

意的栖居：

第一，有理想、有追求，不甘于平庸，即以神圣为尺规。或如周敦颐所说："圣希天，贤希圣，士希贤。"希贤、希圣、希天，就是甘于自己的有限性而又追求无限。甘于自己的有限性，即不奢望成仙或永生，不妄想征服自然，追求无限即向神圣或天看齐，执著地、死而后已地追求极高境界和生活智慧，而不是贪得无厌地追求财富和权力。如前所述，这也是真正的"关心自己"。

第二，有适度的劳作，既包括体力的劳作，也包括精神的劳作。不像现代人那样设想，随着科技的进步，随着机械化、自动化、智能化的发展，将来的一切劳累皆由机器或机器人代替。那是要付出代价的。近300多年来，人们一直努力利用矿物资源（煤、石油、铀、钚等）去让机器和机器人为人类代劳，但机器和机器人的代劳不是免费的，人类为此付出了可怕的代价——过量的污染物排放导致了全球性的环境污染、生态破坏和气候变化。劳作既是人的宿命，也是人生充实的前提。有劳作的辛苦，我们才能享受休闲的舒适和快乐。

第三，人的劳作和休息应有合乎天理的节奏或节律。中国古代农民劳作、休息的节奏是合乎天理的，每天日出而作，日落而息，他们每年的劳动合于农作物之春种、夏长、秋收、冬藏的节律。今天积极进取的人们的劳作节奏却是违反天道的。例如，在证券公司工作、报酬极丰的人每天工作长达19个小时（早晨8点开始工作，一直工作到夜里3点），而且常年如此，这种生活显然毫无诗意。古代农民在冬季下雪时自然不再劳作，那是上天赐予农民的休息时间。现代人不然，下雪对许多争分夺秒地赚钱的人是"灾难"，交通断了就断了他们的财路。于是如今的城市下雪时普遍使用融雪剂。其实，下雪是再自然不过的事情。当你认为大雪断了你的财路时，便意味着你的生活节奏已不合天道。

第四，诗意的栖居也是心气平和且有节制的生活（如海德格尔所说）。这正是儒家所倡导的生活态度，却也正是现代人所极为鄙视的生活态度。鲁迅是20世纪上半叶力倡现代性的思想家，他就极为鄙视"事理通达心气平和"的生活态度（参见《故乡》）。现代制度激励人们积极参与科技创新、管理创新和营销创新的竞争，设置数不清的评比项目，要人们去争当各种第一。在无比激烈的竞争中，几乎人人都不安本分。但当不安本分的人们成为多数时，心气平和且有节制的心态便被指斥为落后的"小农心态"。

在中国古代的农业文明中，人们诗意地栖居在大地上，因为那是一种以"天人合一"为理想的文明，是一种有着"崇本抑末"的制度的文明，是一种使用"赞天地之化育"

的技术的文明。在那种文明中，人们既安于本分，又追求理想。

在现代工业文明中，不乏各种各样的诗歌（包括歌颂原子弹爆炸的诗歌），但人们已不可能诗意地栖居在大地上。首先，现代科技的飞速进步激起了现代人极度不安分的妄想——摆脱有死的命运，拥有不朽的身体，他们还认为随着科技的不断进步，人类将日益逼近上帝的全知全能，于是，他们肆无忌惮地征服自然。其次，现代人厌恶、逃避体力劳动，试图把一切艰苦劳作皆委之于机器。最后，现代人已全然不顾自然的节律（如昼夜循环、寒往暑来、四季更迭等），而昼夜不停地"大量生产、大量消费"。

人应该诗意地栖居在大地上。诗意地栖居在大地上，既是人的本分，也是人超越于非人存在者的崇高卓越之处。人是追求无限的有限存在者。对于一个追求无限的有限存在者而言，决定在哪方面知足、在哪方面不知足，是至关重要的根本抉择。对于一种文明来讲，其主流意识形态和制度抑制人们追求什么，激励人们追求什么，事关她是否可大可久。诗意地栖居在大地上，就是以追求人生境界和生活智慧的方式追求无限，就是以审美的、平和的心态有节制、有节奏地生活，就是把大自然当做自己绝对依赖的终极实在，当做自己智慧的源泉。诗意地栖居在大地上，意味着对人生境界和生活智慧的追求永不知足，死而后已，对物质财富、权力或征服性力量的追求则知足、有节制、有分寸。这便是安于本分地追求崇高和神圣。

现代文明激励人们在该知足的方面不知足，在不该知足的方面知足。于是，现代人以科技创新和工业发展的方式追求无限和卓越，无止境地进行技术创新、营销创新，无休止地追求物质财富，无休止地"改善"物质生活条件，但不再追求极高人生境界和人生智慧了。这不仅僭越了人的本分，而且完全弄错了追求无限和卓越的方向。现代人以上天（自然）或神（荷尔德林心中的神）不许可的方式追求无限和卓越，于是现代文明陷入了深重的意义危机和生态危机。

走出危机的唯一出路是，超越现代工业文明，走向生态文明。在生态文明中，人才可能重新"向里用力"而"关心自己"，从而诗意地栖居在大地上。

休闲的文化战略学考察

刘方喜[①]

【摘　要】 广义的休闲活动,就是广义的文化活动,文化在当今中国国家整体发展格局中获得了战略性的地位,休闲某种程度上也具有这种战略性地位。一方面从文化战略乃至国家整体发展战略的角度研究休闲文化,另一方面从休闲的角度研究文化乃至国家整体战略,具有多方面重要意义,应引起社会各界高度关注。

【关键词】 休闲　休闲事业　休闲产业　文化战略学　剩余价值的流转

休闲研究具有多方面的意义:其现实意义,从近期各类媒体有关休假黄金周的热议,可略见一斑;而我个人更关注"休闲"之于社会转型、国家发展战略尤其文化发展战略的意义。从学术的角度来看,我关注的焦点是休闲研究的跨学科特点。

(一)作为"文化"的"休闲"

休闲是一种文化,休闲在人的社会生活中地位的普遍提高,是当代社会转型的一个重要标志。20世纪尤其第二次世界大战以后,西方国家经历了一次重大社会转型,对于这种转型,有不同的描述,如后工业社会、信息社会、消费社会、风险社会等,其中一种描述是"闲暇(休闲)社会"。中国休闲学的重要创始人于光远先生,用"普遍有闲"来描述。我觉得"普遍"二字非常重要,因为"有闲"早已存在,但在20世纪之前的普遍匮乏社会中,"有闲"的只是极少部分人。与此相近,美国经济学家加尔布雷斯用"丰裕社会"来描述这场社会转型,其《丰裕社会》一书强调,这场转型使西方发达国家摆脱普遍贫困(或匮乏),走向"普遍丰裕(富裕)";加尔布雷斯还指出:人们对已经到来的普遍丰裕社会的意义的理解还远远不够充分,往往仍然在用传统普遍匮乏社会的意识和范式,来体现和把握当代丰裕社会——用现在流行的话来说,就是理解当代社会还缺乏"转型"意识。举个例子来说,在普遍贫困的社会中,想消灭阶级对立、阶级斗争,就几乎是

[①] 刘方喜:中国社会科学院文学研究所研究员、理论室副主任。

不可能的,但摆脱普遍贫困后,就产生了这种可能性。如此等等。在我看来,"普遍有闲"、"普遍丰裕"在人类社会发展史中的意义,堪比文字的发明:大家知道,文字发明之前的人类历史被称为人类文明的"史前史",文字的发明则标志着人类进入文明史——我们同样可以把普遍有闲社会之前的历史,称为人类普遍丰裕的"史前史",其重大意义,恐怕用"划时代"都不足以充分表达出来。

一方面,从任何意义上来说,普遍丰裕、普遍有闲都要比普遍贫困好;但是,另一方面,我们又必须充分注意到问题的复杂性:今天,物质生产力的发达程度,已经足以使人稍微"闲"下来一点了,然而,市场竞争的逻辑从本性来说却竭力阻止人"闲"下来,这种竞争逻辑,不仅支配着经济社会活动,其实,也支配着人的消费休闲活动——每逢黄金周,从媒体上看到各大旅游景点人群拥挤不堪的画面,我就在想:人们是在"休闲"吗?市场化时代是一种过度匆忙的时代,人们很难真正"闲"下来——而我强调的是:这并不仅仅决定于我们每个人的心态,"闲"不下来,与"市场"这种制度设计等密切相关。科学家爱因斯坦曾说过,人性的发展、改善远远跟不上科技的发展;我们今天也可以这样说:人性的发展、改善远远跟不上财富的发展——在当今社会中又集中表现在消费休闲活动中。摆脱普遍贫困的西方人,似乎还没能很好地应对难得的丰裕——普遍贫困当然是一种困扰,但丰裕似乎成了一种新的困扰——对于中国先富起来的人群似乎也是如此。兹不多论。

那么,该如何界定"休闲"呢?从我个人的学术经历来看,我是研究文学和美学的,在理论上,我试图对文艺"意识形态"论有所突破,在研读马克思政治经济学著述中,我发现"自由时间"这个重要范畴,觉得找到了突破点,我的基本结论是:存在于"自由时间"中的艺术,不同于作为"意识形态"的艺术。在研究中,我发现"自由时间"也是中外休闲学研究中一个常用的范畴,其间读到了马惠娣老师从"自由时间"研究休闲的文章,其批判消费主义的主旨,使我产生了强烈的共鸣,于是就开始了与马老师的学术交流,在马老师的鼓励下,我也写了一些围绕自由时间谈休闲的文章,也算无意间涉足了休闲学领域。我个人觉得,马克思"自由时间"理论是界定和研究"休闲"的重要理论资源:

节约劳动时间等于增加自由时间,即增加使个人得到充分发展的时间,而个人的充分发展又作为最大的生产力反作用于劳动生产力。从直接生产过程的角度来看,节约劳动时间可以看作生产固定资本,这种固定资本就是人本身……自由时间不论是闲暇时间还是从事较高级活动的时间,自然要把占有它的人变为另一主体,于是他作为这另一主体又加入直接生产过程。

自由时间,可以支配的时间,就是财富本身:一部分用于消费产品,一部分用于从事自由活动,这种自由活动不像劳动那样是在必然实现的外在目的的压力下决定的,而这种外在目的的实现是自然的必然性,或者说社会义务——怎么说都行。

以上马克思把自由时间分成"闲暇时间"、"消费产品"的时间与"从事较高级活动的时间"、"自由活动"的时间两大类——我把前一类概括为"自由消费的时间"或"消费性的自由时间",后一类则为"自由生产的时间"或"生产性的自由时间"。如果把"休闲时间"视为"自由时间"的话,那么,广义的休闲活动就包括自由消费活动和自由生产活动。从逻辑上来说,既然有自由的消费活动,就有非自由的消费活动,维持基本生存的必需品的消费活动,就是非自由的,用马克思的话来说,这种非自由的消费活动乃是人再生产自己肉体生命的活动,这种消费活动就具有"自然性"或"自然的必然性";同样,有自由的生产活动,就有非自由的生产活动,马克思指出,"直接生产"或通常意义上的"劳动"就是非自由的,这种非自由的生产也具有"自然性"或"自然的必然性"。因此,超越"自然性"或"自然的必然性",乃是广义休闲活动的最基本特性。

"文化"有很多不同定义,但是,广义的文化活动的基本特性也是"非自然性"。在此意义上,广义的休闲活动就是广义的文化活动,广义的文化活动就是广义的休闲活动,或者也可以说:休闲是文化性的,而文化是休闲的产物。用马克思的话来说,文化性的休闲活动的功能和价值,就在于可以生产出"人"这种"固定资本"、"使个人得到充分发展","而个人的充分发展又作为最大的生产力反作用于劳动生产力"——但在普遍休闲的当代的西方现状却是:大多数人并不是在"生产性的自由时间"中使自己得到充分自由的发展,而是在"消费性的自由时间"中使自己成为消费的动物或消费主义的俘虏。"消费主义"或许将是人类摆脱普遍贫困后的新的困扰的集中体现。

(二)作为"战略"的"文化"

我进一步地研究发现,"自由时间"又与马克思另一重要范畴"剩余价值"密切相关,可以说:自由时间是剩余价值的时间形态。我最近研究的兴趣是:在国家整体发展战略中探讨文化发展战略,而我觉得:自由时间或剩余价值的流转,乃是探讨文化战略非常有价值的理论视角。

中共十八大提出文化与政治、经济、社会、生态建设"五位一体"的国家整体发展战略,此前,中共十七届六中全会审议通过了《中共中央关于深化文化体制改革、推动社会主义文化大发展大繁荣若干重大问题的决定》(以下简称《决定》)——这些重要官方文件把"文化"提升到了国家整体发展战略的高度,而这种战略理念提出的重要背景是:中国成为第二大经济体。因此,"文化"成为国家整体发展战略中的一个组成部分,乃是经济发展到一定程度后社会整体转型的必然要求。从文化战略学的角度来看,在外部关系上探讨文化与政治、经济、社会、生态建设之间的协调关系,在内部关系上探讨文化产业与文化事业这种文化发展不同方式之间的协调关系,可以成为文化战略研究的基本框架——而我则试图以自由时间或剩余价值的流转为中轴线,对此展开探讨:

(1)从外部关系来看,在市场条件下,文化建设与经济建设之间的协调发展的重要要求之一,就是要处理好文化产业作为"符号经济"与"实体经济"的关系。我们现在面临的一个严峻问题是实体经济的产能过剩——用马克思的话来描述,这是因为过多的剩余价值不能从实体经济中"游离"出去,而解决之道是产业转型,也就是把部分剩余价值(包括剩余人口等)从技术含量较低的实体经济中游离出来,用于发展其他形态的经济。20世纪尤其是第二次世界大战以后,西方克服19世纪实体经济"生产过剩"的重要途径就是产业转型,而这又主要体现在两方面:一是对传统实体经济的"技术附加值"的提高,二是包括大力发展文化产业在内的对社会生产"文化附加值"的提高。以此来看,《决定》把使文化产业成为支柱产业作为当前产业转型的重要方向之一,是符合当代经济发展一般规律的。但是,另一方面,《决定》又特别强调文化建设与经济建设的协调发展。还是用马克思的话来描述,文化符号经济是在对实体经济所创造的剩余价值的"分割"、"扣除"的基础上发展起来的,保持文化发展与经济发展之间协调的关键之一,就是要处理好文化产业作为符号经济与实体经济之间的社会财富(剩余价值)的"配置"比例:在总量一定的情况下,社会财富过多地流向或配置到符号经济,就会相应地减少实体经济向"内涵"发展尤其是提高实体经济本身技术含量所需的社会财富——这是全面协调发展所应避免的。

(2)从内部关系来看,"推动文化事业和文化产业全面协调可持续发展",可以说体现了在市场框架下,保持文化建设与社会建设之间协调发展的重要要求之一,因为"文化事业"乃是"社会建设"的重要组成部分。与文化产业的营利性相对而言,《决定》强调了文化事业的"公益性"、"非营利性"——用马克思的话来说即文化事业本身不使利润增大。重视文化事业,体现了市场条件下文化发展的社会主义原则之一,而如何处理好文化产业与文化事业之间社会财富(剩余价值)的分割比例,至关重要。与此相关,《决定》还强调文化关乎"人的全面发展",文化的产业化发展并不跟人的全面发展对立,但如果把文化完全交给市场的话,显然不利于人的全面发展。

（三）"休闲产业"与"休闲事业"：休闲研究的文化战略学意义

在"五位一体"的战略框架中，休闲首先可以大致归类于"文化建设"，而休闲的发展同样可以采用"休闲产业"与"休闲事业"两种基本方式。休闲产业包括旅游业，也包括影视等文化产业等。休闲产业的主体是市场，而休闲事业的主体应是国家或政府，"休闲事业"包括政府免费提供文化休闲产品、场所、设施等。休闲产业的发展可以促进经济转型，带来丰厚利润；而休闲事业不仅不增加利润（剩余价值），而且还要"消耗"利润——但是这种"消耗"非常必要，而且意义重大：(1) 如果所有休闲场所、设施等都是有偿的，一些人尤其底层人就可能被剥夺休闲的权利，因此，非营利性的休闲事业，可以一定程度上保障全体社会成员平等地获得休闲权利；(2) 非营利性的休闲事业还有利于促进个人的自由发展——概括言之，非营利性的休闲事业的发展，对于保障平等、促进自由等意义重大。

价值观问题也是文化战略学中的一个重要基本课题，而非营利性的休闲事业的发展，就涉及价值观和国家认同的培育的问题：当你走出家门，想随便找个地方放松、休闲一下，而所有的地方都要收你钱时，你会有什么感受？你是怀疑还是更加信奉拜金主义价值观？对于一个较少提供或不断挤压公共休闲空间的国家，你的感受会如何？在价值观的培育上，我们现在的一个最大问题是只强调宣传、灌输的作用，而忽视在日常生活中培育价值观：一种对人有感召力的价值观，往往不仅仅只是"说"出来的，更要是"做"出来的。如此等等。

休闲文化的重要性，还远远没有得到中国社会各界的充分认识。休闲活动的大发展，首先是社会转型的重要标志，同时也是社会转型的必然要求，缺乏这种转型意识，就不可能充分认识休闲的重要性。另一方面，休闲也绝不仅仅只是个人玩玩的问题，同时也是事关社会发展乃至整个人类文明未来发展的战略问题。如果人类文明不被一些突发性事件如核战争等打断的话，那么，未来的进一步发展，将使传统的"生产"、"工作"等的重要性越来越趋于减弱，相应地生产、工作之外的广义的休闲活动变得越来越重要——从这个意义上来说，如何处理好休闲，关乎人类发展的未来大方向。从全球现状来看，这方面的情况并不让人乐观：全球不见趋缓的人与人之间的社会冲突和人与自然之间的生态冲突，显然跟大多数西方人及包括中国在内的发展中国家的先富起来的少数人的过度消费密切相关——而这种过度消费主要就是发生在广义休闲领域的：富人们炫耀性、消费性的"休闲"，不仅标示着富人个体生命价值观的迷失，而且还加剧着社会冲突与生态冲突。传统所标榜的自由、平等、权利等，也应从"休闲"的角度来加以重新审视:当代人在"自由"上迷失,很大程度上表现为:只在消费性休闲中追求消费自由,而不能认识到在生产性休闲也即自由创造中也存在着一种真实的自由,一种生产性、创造性的自由。对于生产力越来越发达、越来越富裕的当代社会来说,"平等"不再仅仅意味着人人可以分享"必需品",而且也意味着并将越来越意味着"平等"地分享"享受品"、平等地拥有休闲的权利。从中国国家发展战略来看,休闲首先是个"文化建设"的问题,但许多人尤其一些地方官员往往只把休闲纳入"经济建设"、"文化产业"(比如所谓旅游经济等)范畴,而忽视休闲同时也是"社会建设"、"文化事业"方面的问题,并且进而也是"政治建设"问题:把休闲全部交给市场,不利于普通大众平等地分享休闲的权利,忽视大众分享休闲的平等权利,会产生不良的社会政治后果。再比如旅游业的过度发展、自然景观的过度开发,也将产生不良的生态后果,如此等等。当然,另一方面,从"休闲"的角度,来审视和探索"五位一体"的战略格局,也应引起社会各界的高度重视。

总之,文化战略学的视角,可以提升休闲研究的理论品位和社会意义;另一方面,从社会转型的角度来看,休闲研究本身就具有极其重要的文化战略学意义,在探讨国家整体发展战略方面也可以大有作为。

参考文献

[1]马克思恩格斯全集:第46卷下册[M].北京:人民出版社,1980.
[2]马克思恩格斯全集:第26卷第3册[M].北京:人民出版社,1974.

"文化自觉"视角中的休闲生活及其价值

方李莉[①]

【摘　要】 休闲生活看似简单，即是工作以外的业余生活，实则不然，对这种休闲生活的探讨是极其重要的，因为其不仅体现了一个民族文化的价值观，还体现了不同时代文化的价值观。这种价值观会确立我们生活方式、消费方式甚至生产方式的走向，所以这样的研究和这样的讨论是非常重要的。无疑，这是一个跨学科的研究领域。笔者作为人类学学者，试图从"文化自觉"的视角来讨论中国人休闲生活与中国人的文化价值观。

【关键词】 文化自觉　休闲生活　现状反思

一、何谓"文化自觉"

文化自觉是费孝通晚年提出来的一个概念，他说："文化自觉是指生活在一定文化中的人对其文化有'自知之明'，明白它的来历、形成过程、所具有的特色和它发展的趋向"。"自知之明是为了增强对文化转型的自主能力，取得为适应新环境、新时代而进行文化选择时的自主地位。"[②]费先生在这里强调的是，在全球化的今天，每一个国家都在面临新的社会和文化的转型，中国正在选择一条适合自己民族文化的道路，而不是盲目地跟在西方世界后面，要达到如此的目的首先就要做到"文化自觉"。

按照费先生的说法，第一，就是要通过历史文献和文物的研究，讲清楚自己文化的来龙去脉，了解自己国家的文化历史与核心价值观。第二，深入到中国的文化中和中国人的生活中去做实地考察，认识自己文化的历史和现状。第三，了解中国文化历史和现状的目的是为了寻求其对世界新环境的适应力，寻求到中国文化发展的出路，在新时代文化转型中把握自己文化的自主权。

---

① 方李莉，中国艺术研究院艺术人类学研究所所长，中国艺术人类学学会会长。
② 费孝通《"文化自觉"与中国学者的历史责任》，载于费宗惠、张荣华编《费孝通论文化自觉》。内蒙古出版社2009年3月版，第94页。

二、休闲是中国文化和价值观的重要组成

那么文化自觉与休闲文化有什么关系？为什么要把它们放在一起来讨论？第一，大家都会承认，中国传统文人的核心思想是"修身、齐家、治国、平天下"，其中把"修身"放在了第一位。而"修身"的目的是让人做一个人格健全和完整的人，其中不仅包括了人的工作问题，还包括了人的身心健康的问题。身心健康需要人合理地利用自己的工作时间和闲暇时间。

第二，中国是一个以礼仪代宗教的国家，在所谓的"礼"中，对礼的基本规定是"敬文"或"节文"。文是文饰，以文饰表达内心的敬意，即谓之"敬文"。把节制与文饰两者调和在一起，使能得其中，便谓之"节文"。礼是最基本意义，可以说是人类行为的艺术化、规范化的统一物。在古代朝聘会同的各种礼仪中，不仅有"礼"，还常常将礼与乐合在一起，而古时诗歌以道志的风气，实际便是一种音乐的活动。礼乐并重，并把乐安放在礼的上位，认定乐才是一个人人格完成的效果，这是孔子立教的宗旨，所以他说出了"兴于诗，立于礼，成于乐"的话。①

中国古人通过礼乐，将道德也艺术化、情绪化了，如《乐记》前面有"夫民有血气心知之性"的话，此"性"字即通于"治心"的"心"字。耳目等官能的情欲，亦必在心的处所呈现，而成为生活中一种有决定性的力量。而道德之心，亦须由情欲的支持而始发生力量，所以道德就带有了一种"情绪"的性格在里面。由心所发的乐，在其所自发的根源之地，已把道德与情欲融合在一起，情欲因此而得到了安顿，道德也因此而得到了支持。此时情欲与道德圆融不分，于是道德便以情绪的形态而流出。这是一种与西方的二元分法完全不一样的哲学观，正因为如此，中国人的修身，除修道德之身，还要修审美之身，使人不仅成为一个道德之人，还要成为一个审美之人。工作状态与休闲状态，道德状态与审美状态浑然一体，并将生活艺术化了，人的生命也审美化了，所谓的诗情画意就是古代中国人的理想生活状态。

三、中国古代休闲生活的审美取向

以礼仪代宗教的文化传统，导致了中国人闲暇生活中的审美取向，所以中国古代有"钟鸣鼎食"，"美食不如美器"等说法。而这样的一种意境化的生活，陶冶了中国文人

---

① 徐复观著《中国艺术精神》，广西师范出版社，第22页。

的志趣。所以中国古代文人常用"琴棋书画"伴随自己的人生,古代文人无论是为官,还是为学,都需要如此的艺术修养,而且还常常"云游天下"、"读万卷书、行万里路"。而这种艺术的追求,不仅体现在文人的生活圈子里,即使是普通民众的生活也充满艺术的追求。如哪怕是普通人家也会在庭院栽上几株竹子,所谓是"宁可食无肉,不可居无竹",还会栽上几棵芭蕉树,所谓是"雨打芭蕉"。家里哪怕是一只瓷杯,一个陶罐,一床被面,也会画上几笔画,写上几句诗,或刻上一些谚语警句,让匠人们也初通文墨。而且梅兰竹菊、花鸟鱼虫、高山流水皆可入画,到处都充满着生活的情趣。在房子和家具上更是刻满戏剧故事,还要雕龙画凤等,这一切使中国古代成为世界上工艺美术最发达的国家之一,能工巧匠比比皆是。

  古人的分工并不像现在人那么清楚,在农业文明的时代,人们常常是农忙时种地,农闲时男的摆弄手艺活,做个陶罐、家具,还画上几笔画,写上一点字;女的穿针引线,裁剪绣花,弄个窗花剪纸,做个面馍,点缀上各种花鸟动物等。闲时再唱点山歌,来点黄梅戏,扭扭秧歌,真的是男女都是业余艺术家,生活虽然不富,但却有滋有味。

  这是普通人的审美生活,而文人则要追求更加高雅的意境。受中国道家哲学的影响,大多数文人追求的是"天人合一"的生活方式,如"采菊东篱下、悠然见南山"、"闲云野鹤"、"世外桃花源"、"庄周梦蝶"、"物我两忘"等,将人生与自然、与宇宙结合为一体。由此,我们看到的是,作为没有宗教根基的中国两个重要学派——儒家与道家,差不多都是以生命为其根本。看重的是自然,而不是人为。而这一特征在中国工艺美术上的体现就是,重匠心独运,追求天然趣成;崇尚自然,常常要讲究"天人合一",应用到具体的操作层面,则变为"心物合一"。

  在中国人思想的匠心上,绝不肯损伤到外物所自有之内性,工艺只就外物自性上为之释回增美,这正有合于《中庸》上所说的"尽物性"。对于物性之一番磨砺光辉,其根本还需从自己的"尽人性"上做起。物性与人性相悦而解,相得益彰,这是中国工艺美术界的一种共同的理想境界。因此,中国人的工艺,定不要见斧凿痕,因为斧凿痕是用人力损伤了无形的标记。中国人常说"鬼斧神工",又说"天工人代之"。这里所称的"鬼斧神工"与"天工"都是不情愿对外物多施人力的表示。这不是中国人不愿用人力,只是中国人不肯用人力来断丧自然。中国人只想用人的聪明才智来帮助造化,却不肯用来代替造化或征服造化。因此中国人不喜欢机械,常赞赏"匠心"而斥"机心"。因为机械似乎用人的巧智来驱遣物力使之欲罢不能,这并不是天趣,并不是物性,窒息了天趣,丧断了物性,反过来亦会损伤到人的自性,这不是中国文化理想的境界。

我们若能用这样的眼光,来看中国的文化艺术,就可以看出它的哲学意味与内在精神,而这些哲学思想在唐代的工艺美术中开始得到发挥,到宋代则发展到一个高峰。如宋代的瓷器中天青、粉青、梅子青等釉色,宋代的冰裂纹、金丝铁线、蟹爪纹等瓷器上的肌理,宋代官窑的紫口铁足,钧瓷的窑变、蚯蚓走泥痕,等等,都是窑工们在巧妙地利用材质本身的物性,而达到的一种自然天成的美感,这是中国文人追求的高雅意境。[①] 在唐宋时期,不仅是工艺美术,包括绘画文学都达到了高峰,所谓的唐诗宋词,不仅流行在上层文人之间,就是普通百姓,也皆读诗书。在中国的乡村,常常有人考上状元、进士或秀才,即使是山村野夫,也向往读书,故"渔樵耕读,诗书传家"成为中国农村的常态,而"万般皆下品唯有读书高",也成为中国许多人家教育孩子的座右铭。

钱穆说,中国自古以来就是以读书人为中心的国家,即使在农村也常常听到朗朗的读书声。所以,中国人是以艺术陶冶人的性情,让人生活在字、画、诗词等想象的意境中。在这里我们还看到的是,不同姐妹艺术的互相渗透,不同哲学观念在不同时代的文学艺术中有着统一展现的方式。其体现的是中国文化是一个以生活的艺术来渗透自己的道德理念,以艺术来取代宗教,来表达道德取向的文化。这种文化导致的是对个人修身养性的倡导,并将休闲和艺术的创造结为一体,使得中国人的生活趋于一种艺术化的生活,同时也导致了古代的中国成为了世界的礼仪之邦、文化之都。

四、中国古人生活方式对西方文化的影响

由于中国的工艺美术发达,手工艺品很早就成为世界上的奢侈品,而中国人的生活方式也被世界许多的国家争先效仿。

从 16 世纪开始,欧洲人绕过好望角,通过印度洋到达中国。在当时欧洲人的眼里,中国是一个礼仪之邦,一个神秘而美好的国度。在 17 世纪末至 18 世纪末的 100 年间,欧洲形成了前所未有的"中国热"。当时中国正处于康乾盛世,在长达 100 多年的"中国热"期间,无论是在物质、文化还是政治制度方面,欧洲都对中国极为追捧,以至于在 1769 年曾有欧洲人写道:"中国比欧洲本身的某些地区还要知名。"在"中国热"流行欧洲期间,人们普遍爱好来自中国的物品,热衷于模仿中国的艺术风格和生活习俗,以至形成一种时尚。其具体体现在:凡尔赛宫的舞会上,国王身着中国服装出现在满朝文武

---

① 方李莉著:《中国陶瓷史》,齐鲁出版社 2014 年版,第 10 页。

面前;塞纳河边的戏园子里,男女老少聚精会神地观看中国皮影;国王的情妇养金鱼,大臣的夫人乘轿子;阔人在私家花园的中国式亭子里闲聊,文人端着景德镇的茶碗品茶……①

众所周知,人类进入现代社会是由文艺复兴运动和启蒙运动开始的,任何一个新的社会转型,都需要一个楷模。尽管从19世纪的鸦片战争开始,中国逐步被沦落为殖民地半殖民地国家,但许多中国人都没有意识到,在鸦片战争前的一个世纪,中国竟然是西方启蒙运动者心中作为楷模的国家。

18世纪启蒙运动席卷了欧洲所有主要国家,其中心在法国,而法国的启蒙运动又是以法国"百科全书派"为核心的,其包括了狄德罗(百科全书发起者)、伏尔泰、卢梭、孟德斯鸠、霍尔巴哈、拉梅特里、爱尔维修、波维尔、魁奈等一批杰出思想家。他们在思想领域的主要矛头是基督教统治,提倡无神论哲学,主张自然神论。百科全书学派们当时从传教士那里深入了解中国的情况,发现中国恰恰是个属于自然神论的国度,对中国很快产生"热恋"。其中最热烈的当推伏尔泰。他把中国视为人类社会最好的标本,说是"举世最优美、最古老、最广袤、人口最多,而且治理最好的国家"。他认为人类文明、科学和技术的发展无不从中国肇始,并且早就遥遥领先。他说,当中国已是泱泱大国而且治理有方的时候,"我们还只是一小撮在阿尔登森林里流浪的野人!"他称赞中国的历史记载"几乎没有丝毫的虚构和奇谈怪论,绝无埃及人和希腊人那种自称受到神的启示的上帝的代言人;中国人的历史一开始就写得合乎理性"。("理性"是启蒙运动的一面旗帜。)伏尔泰也高度称赞中国天文学的成就和神奇,他说:"世界各民族中,唯有他们的史籍持续不断地记下了日蚀和星球的交会。我们的天文学家验证他们的计算后惊奇地发现,几乎所有的记录都真实可靠。"伏尔泰把孔子的儒家学说看作他心目中的自然神论,认为这种以遵循自然规律为原则的"理性宗教"足以取代盛行于西方的带有迷信色彩的"神示宗教"。在伏尔泰看来,孔子的"己所不欲,勿施于人"不啻是道德的最高准则,应当成为每个人的座右铭。而当时西方的许多艺术品,从油画到许多工艺美术品的画面上,有一系列重要的画面,可以统称为"幸福的中国人"。在那一类的画面里,中国人穿着华丽的丝绸衣服,悠闲地生活在有着假山、楼台林阁的庭院里。

当时的欧洲人并不是仅仅羡慕中国人的物质生活,而是羡慕那样一种恬淡的艺术状态。因此,一个国家的物质生活,可以代表一个国家的经济实力,但一个国家的休闲

---

① 方李莉著:《浮华盛极——清瓷篇》,天津教育出版社2014年版,第3页。

生活更能体现一个国家的文明程度。而只有自由恬淡的生活才能产生艺术,才能产生具有审美意义的艺术化的生活。

五、对当代中国休闲生活的反思

一种休闲生活能体现一个国家的文明程度,那么近代中国面临从农业文明向工业文明的转型,在转型的过程中,中国曾一度从世界先进的国家沦落为落后的发展中国家,休闲生活也发生了巨大的变化。

这种变化,一方面是来自生产方式和生活方式的改变,从乡村的恬淡生活过渡到现代化的紧张的城市生活,另一方面是传统生活被认为是落后的生活方式而遭到遗弃。在生活方式改变的同时,价值观念也在改变,一方面忽视了修身养性的传统,甚至丢弃了传统的爱读书的习惯,有人统计中国甚至成为了世界上平均阅读量最少的国家之一。笔者不是专门研究休闲学的专家,对当代中国人的休闲方式并没有专门的研究,只是凭着自己所观察到的现象,对当代中国人的休闲生活做一个简单的归纳:(1)打麻将、打扑克。(2)唱卡拉OK,跳舞。(3)体育健身。(4)旅行、购物。(5)家人团聚,朋友聚会。(6)老年大学。(7)上网聊天、电子游戏等。在一般年纪较大的民众里面打麻将是最流行的,而在青少年里面,上网聊天是最流行的。

而当代西方社会流行的休闲生活是:(1)阅读,不同社区不同阶层都有自己的读书俱乐部。(2)接受再教育,重新到学校充电。(3)运动、健身、打猎、旅游等。(4)学习艺术:绘画、唱歌、跳舞。(5)周末去教堂或为慈善机构做义工等。笔者曾在美国居住过一年,参加过美国社区的业余生活,还参加过由社区女性组成的读书俱乐部,俱乐部里有许多是年龄大的家庭妇女,但她们却在通过读书关心社会和讨论人生的价值问题。在中国几乎只有在大学才可能有这样的读书会,那是为了学习,而不仅仅是为了丰富人的精神生活。而中国社区里的老年妇女,除做家务、打麻将、看电视、锻炼身体外,绝不可能去参加什么读书会。从对比中我们看到,当代中国人的休闲生活,远不如西方闲暇生活充实和健康,有时几近空虚,这也是当代中国社会道德滑坡的重要原因之一。

六、讨论中国休闲生活方式的意义与价值

本文讨论的主题是中国人的休闲生活方式,这一主题的讨论意义是:第一,通过以上的讨论,我们看到中国传统的休闲生活方式是中国文化的重要组成部分,是理解中国文化核心价值观、审美观、生活方式形成的重要部分。第二,任何国家由于其所处的地

理环境和历史背景不一样,其文化以及其所形成的生活方式也不一样,同样这种独特性也会体现在其休闲方式中。只有深层地了解了中国文化的独特性,才可以做到真正的文化自觉。第三,费孝通先生曾说:"我认为经济全球化后文化接触中的大波动必然会到来,迟早要发生的,我们要有准备地迎接这场世界性文化大论争。因此我们一方面要承认我们中国文化里边有好东西,进一步用现代科学的方法研究我们的历史,以完成我们'文化自觉'的使命,努力创造现代的中华文化;另一方面要了解和认识这世界上其他人的文化,学会解决处理文化接触的问题,为全人类的明天做出贡献①。"因此,一方面我们要通过对中国传统生活方式的梳理与研究,了解中国传统文化的核心价值观,同时还要学习和了解其他国家优秀的文化内核和健康的休闲生活方式,并在此基础上建立中国新的文化核心价值观,并倡导新的、健康的中国休闲文化生活。

七、结语

习近平总书记所提出"中国梦"的最核心的追求就是中华民族文化复兴,笔者认为,这种复兴不仅要体现在我们的文化、政治、经济和科学技术方面,同样也要体现在我们休闲生活的风尚方面。其实,随着中国经济的发展,中国的休闲生活已经在呈现出某些传统文化复兴的先兆。如:(1)在城市知识分子圈子里文人雅聚的盛行;(2)喝茶风盛行,带动了新的茶文化、茶器文化的发展;(3)许多人开始在业余生活中学习传统书法绘画;(4)追求新文人化的生活,从家庭布置到衣着打扮,都开始在盛行一股复古风;(5)在一些年轻人中开始兴起汉服运动,他们不仅设计汉服,穿着汉服,而且在礼节和谈吐方面都在传承和模仿古人的风格。

任何新的文化运动和新的文化的建立都是从复古和重新思考古文化开始的,就像西方的文艺复兴,也是从重新探讨古希腊、古罗马文化开始的。所以,无论是要建立中国新的文化核心价值观,还是要复兴中国的民族文化,实现中国的百年梦想等,都离不开对中国休闲文化的研究,都离不开我们对中国文化的自觉和深入研究,也离不开对古代中国人生活方式和文化价值观的探讨,这是我们文化自觉的最重要的部分之一。

本文提出的一个重要观点就是在我们建立新的文化、新的价值观的同时,还需要重新认识我们的历史传统。笔者认为,传统如果失去与现代的联系,就会失去其生命力和存在的价值,同样,现代文化如果没有传统作为根基就是一种虚无的缺少养分的文化。

---

① 费孝通:《关于"文化自觉"的一些自白》,载于费宗惠、张荣华编《费孝通论文化自觉》。内蒙古出版社2009年3月版,第206页。

所以文化多样性的存在,不仅是传统文化的特征,也应该是现代文化的特征,每一种现代文化既是和世界文化相通,同时又必须具有自己的特征和独特的生命力。所谓的"文化自觉"就是要挖掘自身文化的特点,并将其研究出来,不仅是为自身的文化建设,也是为世界文化的发展做贡献。

舒适物、休闲城市与产业升级

王 宁[①]

【摘　要】本文借鉴经济学中的舒适物理论,以建构休闲消费的生产性功能。为此目的,本文把舒适物系统与休闲城市和消费城市联系起来,进而揭示休闲城市何以能促进产业转型升级的机制。休闲城市之所以促进产业升级的根本性原因在于它提升了生活质量,构成对持有高人力资本的人才,尤其是高新技术人才的吸引力,而高新技术产业公司的选址行为则在很大程度上取决于高新技术人才的择地偏好。在此意义上,建设一个适合于休闲、娱乐、消费与生活的城市,客观上有助于城市的产业升级。

【关键词】舒适物　集体消费　消费型资本　社会产权　产业升级

一、问题的缘起

在人们的心目中,休闲或休闲消费是一种无足轻重的、可有可无的东西。相对于劳动、生产与创造来说,休闲的价值是微不足道的,它至多只是一种帮助劳动者恢复体力的功能性活动。在短缺经济以及第一产业或第二产业占据主导地位的时代,人们形成这样的观点是可以理解的。但是,在后工业时代,继续坚持这种观点,就显得不合时宜了。之所以这么说,是因为在后工业时代,生产与消费、经济与文化、劳动与休闲的界限已经被打破或模糊化了。例如,在后工业时代,旅游业作为一种娱乐产业,其产值已经超过石油业,成为世界的第一大产业。随着人们的消费进入到"超生存性消费"阶段,经济的增长点越来越依赖于基本生存需要之外的需要的增长,包括奢侈性需要、休闲娱乐需要、体验性需要,等等。与此相对应,城市越来越成为娱乐型、消费型、体验型、梦幻型城市(汉涅根 2011)。

本文的目的,是试图说明产业升级与休闲城市的关系。所谓产业升级,既包括制造业的技术和产品升级,也包括产业结构的变化及其相对应的产业价值链升级,其中,高

[①] 王宁:中山大学社会学与人类学学院教授、博导。

新技术产值所占的比重越来越大。本文所侧重的是后者。如果说，与传统制造业经济相对应的城市是生产型城市，那么，与后工业经济相对应的城市则是休闲型、信息型、消费型和服务型城市。本文集中分析休闲城市与产业升级的互动关系。本文的研究问题是：为什么休闲型城市有助于产业升级？休闲型城市是如何促进产业升级的？为了回答这些问题，本文借鉴西方经济学家关于舒适物与经济发展的关系的理论，从集体（休闲）消费的角度来对舒适物进行新的解读。

二、城市舒适物作为集体消费品

要理解休闲城市何以促进产业升级，可以从西方的舒适物理论着手。舒适物理论揭示了集体消费品（包括集体休闲消费设施）转换为公共资本的运行机制。从20世纪90年代以来，西方的区域经济学、城市经济学、经济地理学等领域的学者越来越关注经济发展与舒适物的关系（Gottlieb 1994；Clark 2004a，2004b；Glaeser, et al. 2004；Blair 1998）。尽管在有关究竟是经济发展导致舒适物的供给，还是舒适物的供给促进了经济发展的问题上存在着类似于"先有鸡还是先有蛋"的争论，学者们就经济发展与舒适物之间的相关性达成了一致（Clark 2004c）。即便是先有经济发展，后有舒适物的建设，这些后建的舒适物也在随后的过程中构成促进经济进一步发展的积极因素。如果说，在舒适物是否促进经济发展的问题上尚有争论，那么，舒适物促进产业结构升级的作用，已成为显而易见的事实（Gottlieb 1995；Clark 2004d；Edward, et al. 1987）。

所谓舒适物（amenities），就是使人感到舒心愉悦的环境、事物、事件、设施、行为或服务。相反，那些使人感到不舒适、厌恶、难受或痛苦的环境、事物、事件、设施或行为，就是反舒适物（disamenities）。介于二者中间的则是中性物，既不令人感到难受，也不带来舒适感。可以说，从人的感觉或生活体验的角度看，所有的东西都可以归入到这三个范畴中：舒适物、反舒适物和中性物。

在舒适物和反舒适物的划分上，既存在普适标准，也存在相对标准。就前者来说，有些东西会使所有的人都感到舒适（如：宜人的气温、清新的空气、美丽的风景等），而有些东西会让所有的人感到不舒服或难受（如：恶臭、溃烂的脓包、腐败的尸体、垃圾处理场等）。就后者来说，舒适物与反舒适物的划分标准具有文化的相对性。例如，就江浙一带的居民来说，臭豆腐是舒适物，但是对许多其他地方的居民来说，它是反舒适物或中性物。对不少中国人来说，吃狗肉是一种带来舒适感的行为，但对于西方人来说，则是一种令人厌恶的行为。不过，就一个具有相同的文化传统的共同体来说，舒适物与反舒适物的划分,则具有较大的普遍性。除了文化的相对性,舒适物与反舒适物的划分还存在阶层标准的不同。不同的阶层具有不同的经济资本和文化资本,形成不同的品味和体验性标准(Bourdieu 1984),因此,各自对同一事物是否令人舒适的评价也不同。例如,对于许多白领或中产阶级的成员来说,咖啡是一种舒适物,但是对于许多农民或体力劳动者来说,喝咖啡如同喝中药,是一种导致身体不舒适的行为。

为了有效区分不同阶层和群体在舒适物体验的评价上的不同,有必要对舒适物进行分类。不同的学者按照不同的标准对舒适物进行分类。舒适物可以分为自然舒适物(如:气候、自然风景)、人造舒适物(建筑、学校、医院、博物馆、歌剧院、基础设施、公园等)、商业舒适物(便利的商店、丰富的商品供应、优质而多样的餐饮等消费设施和服务)和社会舒适物(居民素质、宽容、礼貌、政府作风和办事效率、低犯罪率等)(Clark 2004b;Glaeser, Kolko and Saiz 2004)。

不可否认,由于人具有适应能力,那些一开始让人感到不舒适的东西,会逐渐因为人的调适而逐渐变成中性物,其中有些甚至变成舒适物。例如,高原反应是一种不舒适的人体反应,但随着人们适应了高原生活,一些人回到低海拔地区反而产生了不适反应。于是,对这些人来说,高海拔从反舒适物变成了舒适物。但是,如果存在选择,人们宁愿选择一开始让他们感到舒适的东西,而不是去强迫自己适应令人感到不舒适的东西。

尽管人们对不同的舒适物类型有不同的偏好,总体上,人们看重的是各种舒适物的配套性,而非单一的舒适物。通常来说,就一个地方来说,并不总是只存在一种舒适物,也并不总是只存在舒适物或只存在反舒适物。因此,决定一个人是否选择一个地方作为定居点,并不能只根据单一的舒适物,而是要根据舒适物的总和或舒适物系统(包括各种类型的舒适物),以及舒适物与反舒适物的比例。既然一个地方往往同时存在舒适物和反舒适物,那么,人们在地方的选择上,就面临在舒适物和反舒适物中进行权衡选择的问题。一旦人们选择了某个地方作为定居地点,就意味着这个地方有足够吸引人们的舒适物,并且这些舒适物对人们显得如此重要,以至可以让人接受本地无法避免的反舒适物,并在随后享受舒适物的过程中,也通过自我调适来适应那些反舒适物,从而让反舒适物变成中性物,甚至在某些情况下变成舒适物。

城市舒适物是一种集体消费品,其中的很大一部分属于集体休闲消费品。集体消费品涉及公共财政的供给问题。或许有人会说,自然舒适物是大自然的恩惠,与人类无关。例如,宜人的气候、优越的地理位置、秀丽的风景、丰富的植物与动物种类,等等,都是大自然的禀赋。但是,在现代化的背景下,如果人类不对市场化、城市化与工业化过程的负面影响加以限制,这些过程往往会造成对自然舒适物的破坏。为了保护自然舒适物,使其免遭市场化、城市化和工业化的破坏,就必须在公共财政上加以投入,设立相关机构,使其行使对自然舒适物(如:空气质量、水体质量、森林与绿地、珍稀植物与动物等)的保护功能。在这个意义上,自然舒适物得以保护下来,是公共财政投入的结果。因此,这种被保护的自然舒适物,在一定程度上就是一种公共物品或集体消费品。既然自然舒适物都可以是公共物品,那么,城市建筑环境、基础设施、公共福利性的医疗、卫生、清洁、交通服务、教育、治安等舒适物,就更是公共物品或集体消费品。

商业性的生活服务与消费品供应也属于舒适物。尽管其供应主体是市场,但这一类舒适物也在一定程度上属于公共物品或集体消费品,理由如下:第一,城市商业性的生活设施与消费品的供应,在一定程度上涉及公共物品,如:城市规划决定了商业网点的布局;政府为市场提供信息(公共物品),使得市场行为获得了决策所需的数据和参考依据;政府依法对市场行为进行监督,维持市场秩序,而市场秩序也属于公共物品。第二,城市商业性的生活设施与消费品供应,对消费者不具有排斥性,具有广泛的可进入性,在这个意义上,它具有公共性,并可以看作是"准公共物品"。

很显然,作为一种公共物品或集体消费品,城市舒适物具有比较广泛的可进入性和非排他性。对于居住在城市里的居民来说,这种集体消费品是一种公共福利,一种无形资产,一种隐性收入,并在一定条件下促进自己的财富的增长(如:地铁口和优质学校导致附近的房产升值)。可见,要评判一个地方的消费生活质量,不但要看居民的私人消费水平,而且要看其集体消费水平(其中包括集体休闲消费),而舒适物指数是衡量集体消费质量的关键指标。人们迁移到某个城市生活,不但是因为这个城市提供了工作机会,而且也是因为这个城市提供了更好的舒适物或集体消费品。

三、舒适物促进城市产业升级

为什么说舒适物系统(包括集体休闲消费品)能够促进城市经济发展和产业升级呢?在全球化的今天,城市与城市之间的竞争变得越来越激烈。之所以如此,是因为全球化促进了资源在全球的流动。这些资源包括:资金、技术、公司、人力资源、旅游者与消费者。如何争取或获取这些具有流动性特征的资源,构成各个城市的一大挑战。一个城市越是能吸引这些外来的资源来到本地,就越是能促进本地经济的发展。而舒适物系统,就是城市提高其获取这些资源的竞争力或竞争优势的重要条件之一。在这个意义上,舒适物系统就不纯粹是一种消费品,而且同时是一种投资品,一种为本地经济发展带来回报的资本。城市舒适物系统促进经济的发展,是集体消费(包括集体休闲消费)的正外部性的一个典型体现。

一个城市的舒适物越多,就越意味着这个城市变成了一个休闲城市或消费城市。之所以休闲城市或消费城市能够促进产业升级,就是因为高新技术产业的主体是人,是那些具有高人力资本的人才。根据西方的"舒适物理论",一个人越是具有更高的人力资本,就越会把这种资本的价值兑换为其他各种价值,包括经济价值(货币收入)和生活价值或享乐价值(舒适物)。就高新科技人才来说,他们不但重视一个地方的经济机会,而且重视一个地方的舒适物(Lorenzen and Andersen 2009)。例如,美国的硅谷吸引了大量的IT人才,不但是因为这个地方有大量的经济机会(就业机会),而且因为这个地方有更多的社会舒适物,如:社会宽容度、多元性和弱关系(Florida 2002),以及更宜人的气候、更优美的环境和更符合高端人才的生活风格需要的消费设施和服务。一个地方的高新技术的发展仅仅通过提供就业机会还难以吸引人才,还必须具有舒适物。

根据舒适物理论,高新科技产业是人力资本密集型产业,人力资本是各种生产要素中最重要的因素。因此,高新科技产业公司的选择不但要考虑到盈利的最大化,而且要考虑当地是否可以招聘到足够的合乎公司要求的人才。因此,高新科技产业公司的投资选址越来越趋向于靠近人力资本充足的地方。于是,公司的选址偏好,在很大程度上取决于人才的择地偏好。人的行动具有双重属性。一方面,人是理性人,体现在工作地的选择上,就是到物质回报最高的地方去工作。另一方面,人又是感性人,在择地的时候,追求舒适和享受,即追求舒适物(Ullman 1954; Tiebout 1956; Clark, et al. 2002; Waltert, et al. 2011)。于是,人就在经济机会和舒适物之间进行权衡,并力求实现经济机会和舒适物的统一。

不但人才追求舒适物,而且高新科技产业公司的总裁在选址时也越来越看重舒适物。Gottlieb发现,公司总裁为公司选址的标准在于能够带来他个人的"心理收入"的最大化。从员工的角度看,他们也愿意为能够居住在舒适的地方而领取略低一些的实际工资(源于这些地方的房价或房租更高的因素)。由于高技能工人和工程师具有更大的流动性,公司所在位置的舒适物状况,直接影响他们的去留。为了吸引和留住高科技人才、工程师和技工,公司总裁不得不考虑他们对舒适物的要求(Gottlieb1994)。Lund(1986)也发现,舒适物在决定高科技公司的选址的六大因素中位居第一位。

正因为如此,根据"舒适物理论",舒适物促进地方的经济发展(如:Gottlieb 1994; Clark, et al. 2002; Glaeser and Gottlieb 2006; Silver, et al. 2010; Falck, et al. 2011;

Waltert, et al. 2011; Marlet; and van Woerkens 2007）。在古典工业化时代,产业往往是定位于那些靠近自然资源或交通便利的地方。今天,随着交通设施的发展和交通运输成本的下降,产业尤其是高新技术产业,越来越倾向于定位于拥有更多舒适物的地方,而不是靠近自然资源(煤矿、铁矿等)的地方,因为哪里舒适物多,哪里人才就多（Florida 2002; Glaeser and Gottlieb 2006）。因此,保护或建设舒适物,就成为促进经济发展的手段。

如果城市不能有效控制和减少反舒适物（环境污染、空气质量恶化、交通拥堵、高犯罪率等）,就会驱使高素质人才迁出,以及随之而来的高端企业外迁,从而导致当地经济的衰落（Banzhaf and Walsh 2008）。而经济衰落导致的本地就业机会的减少和失业人口的增加,反过来引发更高的犯罪率,后者则进一步加剧了高端人才和高端公司的迁出（Gottlieb 1995）。

综上所述,舒适物系统在城市吸引外来的资源上,发挥着重要的作用。舒适物系统让城市本身变成了一个消费型城市或休闲型城市。舒适物提升了城市作为一个大型综合型消费品的品质,并因这种消费品的品质的提升而促进了经济的发展和产业结构的转型升级。

在这个意义上,舒适物作为集体消费品,就不纯粹是消耗性的产品,相反,它具有正外部性,具有经济和社会产出的功能。这种能够带来经济和社会产出的集体消费品,就不纯粹是一种消费品了,它同时也是一种资本,一种城市公共资本。消费品不但在消费者身上创造了消费价值,而且为城市创造了额外的经济价值和社会价值。在这里,消费品和资本发生了"奇妙"的结合。对每个个体消费者而言,舒适物系统是消费品,但对城市总体而言,舒适物系统是一种资本。这种资本,就是消费型资本。

既然集体休闲消费具有促进本地经济发展、产业升级和社会增益的作用,那么,市政府就应该大力把城市的集体消费设施和休闲消费设施搞好。但是,在这个问题上,地方政府层面在观念上存在一些误区。它们误以为政府只有积极投身于生产型投资,才能提升本地经济。它们忘记了,集体(休闲)消费不但具有社会效益,而且具有经济回报。事实上,政府参与生产型投资活动的效率是不高的,这种经济活动可以交给市场来做。政府要做的主业是服务,是为公众提供集体消费品(包括集体休闲消费品),而不是直接参与经济建设。之所以一些地方政府官员对集体消费的建设不大热衷,是因为他们未能认识到集体消费设施与服务也是一种资本,一种可以促进本地经济发展和产业升级的资本。

结　语

集体消费品(包括集体休闲消费品)作为消费型资本的消费品怎么是运行机制呢? 体现为在为城市或地方吸引外来的生产要素(人力资本、资金、技术等)和外来公司,尤其是在高新科技公司移入本地方面,发挥不可或缺的作用。集体消费品作为资本的运行模式遵循了如下的模式(见图1):

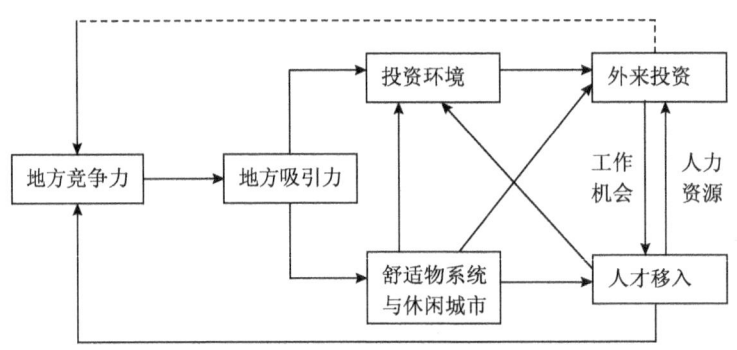

图1:舒适物系统作为消费型资本的运行机制

形象地说,城市的舒适物系统就是"筑巢引凤"中的"巢"。不过,这个"巢"不仅仅是一般性的投资环境和基础设施,而且也包括生活环境、消费服务和休闲设施,即舒适物系统。不过,舒适物系统对本地经济发展的作用,更明显地体现在高新技术产业。原因在于,高新技术人才比农民工等体力型工人更看重就业地的舒适物系统。如果说,农民工往往是就业机会导向的,那么,高新技术人才则往往是就业机会和舒适物双重导向的。因此,如果传统的投资环境理论可以有效解释对外来的低端产业的竞争,那么,传统的投资环境理论难以充分解释对外来的高新技术产业的竞争。高新技术产业的选址行为是人力资源导向的,而高新技术人才则是舒适物和就业机会双重导向的。这意味着,一个地方或城市要促进产业升级换代,必须把舒适物系统看作是投资环境中的非常重要的因素。在城市建设中,消费与生产不是对立的,而是统一的。把城市建设成消费型城市,或建设成让人在生活上感到舒适的城市,客观上有助于吸引优质人才的移入,从而吸引外来高新技术产业前来当地落户,促进产业结构的升级和优化,提高本地的经济与社会竞争力。在这个意义上,一个城市或地方在集体消费品(舒适物系统)上的财政投入,就不仅仅是一种福利性的支出,而且同时是一种投资性活动。这些集体消费品(包括集体休闲消费设施),也因此可以看作是一种消费型资本。这种消费型资本的概念,与"美丽中国"和"产业升级换代"的理念有着内在的亲和性。

参考文献

[1] Banzhaf H S, Walsh R P (2008). Do People Vote with Their Feet? An Empirical Test of Tiebout's Mechanism[J]. The American Economic Review, 98:843 – 63.

[2] Blair, John (1998). Quality of Life and Economic Development Policy[J]. Economic Review, 16(1).

[3] Bourdieu, Pierre (1984). Distinction: A Social Critique of the Judgement of Taste [M]. Translated by Richard Nice. London: Routledge.

[4] Clark Terry Nichols (2004a). The City as an Entertainment Machine [M]. New York: Elsevier.

[5] Clark Terry Nichols (2004b). Urban Amenities: Lakes, Opera, and Juice Bars: Do they Drive Development? In Clark Terry Nichols. The City as an Entertainment Machine [M]. New York: Elsevier, 2004:103 – 140.

[6] Clark Terry Nichols (2004c). Gays and Urban Development: How are They Linked? In Clark Terry Nichols (2004d). Introduction: Taking Entertainment Seriously. In Clark Terry Nichols. The City as an Entertainment Machine [M]. New York: Elsevier, 1 – 17.

[7] Clark Terry Nichols, Richard Lloyd, Kenneth K. Wong, et al (2002). Amenities drive urban growth[J]. Journal of Urban Affairs, 24(5):493 – 515.

[8] Edward, Blakey, Roberts Brian, Manidis Philip (1987). Inducing High Tech: Principles of Designing Support Systems for the Formation and Attraction of Advanced Technology Firms[J]. International Journal of Technology Management, 2 (3/4).

[9] Falck Oliver, Michael Fritsch, Stephan Heblich (2011). The phantom of the opera: Cultural amenities, human capital, and regional economic growth[J]. Labour Economics, 18: 755 – 766.

[10] Florida, Richard (2002). The rise of the creative class: and how it's transforming work, leisure, community, and everyday life[M]. New York: Basic Books.

[11] Glaeser, Edward L, Joshua D Gottlieb (2006). Urban Resurgence and the Consumer City[J]. Urban Studies, 43(8):1275 – 1299.

[12] Glaeser, Edward L, Jed Kolko, Albert Saiz (2004). Consumer and Cities. In

Clark, Terry Nicholes. The City as an Entertainment Machine [M]. New York: Elsevier, 177 - 183.

[13] Glaeser, Edward L, Jed Kolko, Albert Saiz (2004). Consumer and Cities. In Clark, Terry Nicholes. The City as an Entertainment Machine [M]. New York: Elsevier, 2004:177 - 183.

[14] Gottlieb Paul D. (1994). Amenities as an Economic Development Tool: Is there enough evidence? [J]. Economic Development Quarterly, 1994, 8(3):270 - 285.

[15] Gottlieb Paul D. (1995). Residential Amenities, Firm Location and Economic Development [J]. Urban Studies, 32(9):1413 - 1436.

[16] Lorenzen Mark, Kristina Vaarst Andersen (2009). Centrality and Creativity: Does Richard Florida's Creative Class Offer New Insights into Urban Hierarchy? [J]. Economic Geography, 85(4):363 - 390.

[17] Lund L. (1986). Locating Corporate R & D Facilities [R]. New York: Conference Board.

[18] Marlet Gerard, Clemens van Woerkens (2007). The Dutch Creative Class and How it Fosters Urban Employment Growth [J]. Urban Studies, 44(13):2605 - 2626.

[19] Silver, Daniel, Terry Nichols Clark, Clemente Jesus Navarro Yanez (2010). Scenes: Social Context in an Age of Contingency [J]. Social Forces, 88 (5): 2293 - 2324.

[20] Tiebout C M(1956). A Pure Theory of Local Expenditures [J]. Journal of Political Economy, 64:416 - 24.

[21] Ullman Edward L (1954). Amenities as a Factor in Regional Growth [J]. Geographical Review, 44(1):119 - 132.

[22] Waltert Fabian, Thomas Schulz, Felix Schlapfer (2011). The role of landscape amenities in regional development: Evidence from Swiss municipality data [J]. Land Use Policy, 28: 748 - 761.

[23] 约翰·汉涅根. 梦幻之城[M]. 张怡,译. 上海:上海书店出版社,2011.

闲暇对经济系统的影响研究
——国际证据和中国的实践

魏 翔[①]　王鹏飞[②]

【摘　要】本文以闲暇促进幸福感(效用)的提升为线索,以闲暇对经济效率的积极作用为基础,建立内生增长模型。模型分析显示,长期增长率可以由闲暇的跨期替代弹性和边际效率增长率决定。前者表征闲暇对生产是替代的还是互补的,后者代表闲暇对效率的动态作用。本文利用OECD国家30年的面板经济数据分析闲暇对经济效率提升的内在作用机理。之后,在分析中国居民休闲行为特征和中国闲暇经济发展状况的基础上,讨论闲暇与经济社会发展水平的关系。最后,本文提出了在不同社会发展阶段闲暇对经济增长和效率提升的影响,并提出中国转变经济增长方式的发展路径。

【关键词】内生增长　闲暇效应　幸福感　经济效率

引　言

中国30年的高速发展,是一种粗放式的扩张,突出表现在对能源的使用高度缺乏效率:单位GDP的能源消耗,分别是加拿大的3.3倍、美国的4.3倍、德国的7.7倍和日本的11.5倍。除了环境与能源代价,"中国奇迹"的另一个代价对经济社会的影响是决定性的,但却长期被忽视或低估:那就是,中国的增长并未带来相应程度的幸福感提升。

因此,本文的研究重点就是寻求促进经济效率和幸福感提升的路径。社会学和心理学的大量文献证实,非工作时间内的玩乐,即闲暇,对个体的幸福感(效用函数)和经济效率具有提升作用。本文将上述证据引入经济增长模型,提供了一个从闲暇角度来解读经济增长的新视角。传统经济学家倾向于将玩乐等闲暇活动看作是工作的替代,

---

[①] 北京第二外国语学院中国闲暇经济研究中心。
[②] 北京第二外国语学院中瑞酒店管理学院。

对此,社会学家却更相信,闲暇对工作具有积极的意义。本文的核心线索是将闲暇做更全面和更深入的处理。这表现为,一方面,闲暇被引入效应函数以体现闲暇对幸福感的积极作用,同时,闲暇也被引进要素的积累路径以展现闲暇对生产的积极作用,这增强了增长框架的现实性和时代性;另一方面,玩乐等闲暇活动对经济效率具有积极的作用,这得到了众多跨学科文献的支持,为此,本文控制住影响增长的其他因素,重点考察基于文化和闲暇的效率因素对增长的影响。本文认为,保持其他条件不变,闲暇的跨期替代作用和闲暇对效率的作用,是闲暇影响经济增长的主要机制。

本文的内容安排如下:第一部分是文献综述,利用多学科文献论证玩乐等闲暇活动对幸福感(即效用函数)和经济效率的影响。第二部分将闲暇和效率引入内生增长模型,综合考虑技术和人力资本,得到一个由闲暇效应决定的经济增长框架。第三部分,利用 OECD 国家 30 年的面板经济数据分析闲暇对经济效率提升的内在作用机理。第四部分将分析中国居民休闲行为特征和中国闲暇经济的发展状况,并对闲暇与社会发展水平的关系进行讨论。最后是结论及建议。

一、文献综述

经济增长理论从新古典理论到内生增长理论,已然成为宏观经济学最重要的领域,有力解释了各国经济发展中的现实问题。但是,目前的增长理论至少有两个薄弱环节需要加强。

一是,内生增长理论对经济体间的效率差异解释乏力。它只部分解释了全要素生产率的差异,全要素生产率分为技术和效率两个部分,前者表现为技术进步,后者测度生产要素与技术相结合实现产出的有效性(Weil,2005)。内生增长理论更多地关注前者(即技术进步或技术创新)作为增长引擎的作用(Aghion and Howitt,1988)。然而,进入 21 世纪后,人们发现,不同国家间的生产率存在很大差异,这些差异是如此之大,以至于根本无法用技术差异来诠释全要素生产率的大部分差异,因此,全要素生产率的差异必然有一部分来自于效率差异(Baily and Solow,2001;Weil,2005)。而关于效率的来源和决定因素,还有很多未解之题。

二是,现有的增长理论通常将注意力集中于生产领域,而在某种程度上低估了非生产领域(玩乐、休闲、娱乐等闲暇活动)对增长的影响。新古典理论认为闲暇和工作是非此即彼的替代关系(Buchanan,1994)。内生增长理论对此有所进步,注意到闲暇对个体具有正效用,能增进幸福感,因此将闲暇引入效用函数(Ortigueira,1994)。但是,内生增长理论没有探讨闲暇的作用,从而将家务劳动、家庭生产、生产性玩乐活动排除在模型之外,也没有分析闲暇对效率的影响,从而低估了闲暇对生产的积极作用。

对于上述两个缺憾,社会学和心理学的研究提供了有力的补充和相关论证。

首先,闲暇为什么会促进效用或幸福感提升,又是通过什么机制促进的,社会学家和心理学家对此做出了贡献。为什么玩乐等闲暇能提高幸福感?社会学家认为,闲暇活动是自由选择的结果,是追求内在快乐和自由的一种理性选择。在这种选择的驱动下,人们进行闲暇活动不但放松了身心,而且对自身进行了"自我验证"(Self-Efficacy),能带来积极的心理状态(Positive Mood),导致幸福感的提高(Hills and Argyle,1998)。而有些个体将闲暇活动当作内在激励的回报,从而追求具有挑战性的闲暇更能提升他们的幸福感(Weissinger and Iso-Ahola,1984;Weissinger and Bandalos,1995;Barnett,2006)。此外,闲暇的一个功效是消除工作紧张,由于工作紧张通常会降低幸福感,因此玩乐活动本身就有利于提高幸福感(Cropeley and Purvis,2003)。

其次,社会学心理学的微观研究发现,闲暇对效率产生显著影响,其间的一些间接论证得到了社会经济学家的支持。个体从事闲暇活动能提高个体的生活质量、人力资本,并同时产生外溢作用促进全社会技术提升(Parker,1976;Rojek,1985;Rojek,1989a;Rojek,1989b;Rojek,1995;Elias and Dunning,1986;Bramham,2002)。这些效应,实质上是提升了要素与技术结合转化为产出的能力,即经济效率。闲暇活动是一种不涉及收入再分配的非生产性活动,健康积极的闲暇活动能提高个体的工作效率(Maguire,2008),使个体乐于工作、乐于生活,更充分地就业与工作,释放出闲置的人力资本,减少人浮于事和机会主义行为,如此,社会的经济效率也会得到提升(Cavette,1999)。闲暇作为一种"润滑剂"和"助燃剂",能改善经济交易中社会交往和自由选择的质量(Walker,Deng and Dieser,2005),大大促进技术创新的产生,进而有利于提高经济效率(Maguire,2008)。

二、理论模型

基于文献评论,首先,考虑到闲暇有利于提升幸福感或个体效用,将闲暇引入效用函数(Kydland,1984;Ortigueira,1998)。于是效用函数可表示如下:

$$u = k\left[(\alpha c^\sigma + (1-\alpha) l^\sigma)\right]^{\frac{1}{\sigma}}$$

其中,$k > 0, 0 < \alpha < 1, \sigma < 1$。$c$ 是人均消费;k 是人均资本;α 是消费的份额;l 是代

表性当事人所选择的闲暇时间占总时间的比例①。闲暇的跨期替代弹性为 $l = \left|\frac{1}{1-\sigma}\right|$，当 $\sigma > 0$ 时，跨期替代弹性比较大，闲暇和消费是互补的；当 $\sigma < 0$ 时，跨期替代弹性比较小，闲暇和消费是替代的。

为了使效用函数不会出现无穷小的情形，我们假设效用函数是上半连续的（Upper Semi-continuous）。根据跨期替代原则和等边际原则，同时为了使系统有可能存在非零的稳态增长率，效用函数需满足：（1）消费的跨期替代弹性不变并且独立于消费水平；（2）消费增长和劳动生产率的替代效应不会影响劳动供给（Caballé and Santos, 1993）。

此外，在本模型中，闲暇是正常品，并且我们不考虑闲暇对个体的消极作用，也就是说，本文的"闲暇"指旅游、娱乐、休闲等活动时间，不考虑吸毒、嫖娼、赌博等极端的、对身心不利的闲暇活动。

为了计算简便，使用如下简约形式：$u(c,l) = (c^\sigma + l^\sigma)^{\frac{1}{\sigma}}$ (1)

本文的生产函数部分借鉴了卢卡斯生产函数 $Y = AK^\beta(uLh)^{1-\beta}h^\gamma$（Lucas, 1988）。但是卢卡斯没有对生产率 A 进行分解，而是将其统一视为技术水平。从现代生产率分析的角度看，这种处理不够严谨。生产率的增长，可能来自于技术进步，也可能来自于效率提升或寻求规模经济（Coelli, Rao, Donnell and Battese, 2005）。本文假设要素规模报酬不变，不需要考虑规模效率或规模经济。效率由配置效率和技术效率共同构成（Coelli, Rao, Donnell and Battese, 2005）。为此，生产率 A 可做如下分解：$A = T \times E$。其中 T 代表技术进步，E 代表经济效率。在卢卡斯模型中，技术进步是外生的，保持固定的增长率 g_T。而根据上文的文献综述，闲暇会影响效率。生产函数为：

$$Y = (T \times E)K^\beta(uLh)^{1-\beta}h^\gamma = (T \times e^{u(l,I)})K^\beta(uLh)^{1-\beta}h^\gamma \quad (2)$$

人均化后有 $y = (T \times e^{u(l,I)})K^\beta(uh)^{1-\beta}h^\gamma$ (3)

其中，以指数形式表征的经济效率 u 是闲暇 l 的函数（参见上文的文献支持），也是文化、制度和环境因素 I 的函数（Fleisher and Chen, 1997）；T 是技术水平、y 是人均产出、k 和 h 分别是人均物质资本和人力资本、β 是物质资本的产出弹性（$0 < \beta < 1$）、γ 是人力资本外部性对产出的弹性（$0 \leq \gamma \leq 1$）、u 是工作时间占总时间的比例（$0 < u < 1$），总时间被标准化为1。此处，I 是外生变量。不失一般性，假设闲暇和制度变量对效率

---

① 此处的闲暇时间为单纯闲暇（Raw Time）（Zhang, 1995；Göcke, 2002）。若进入效用函数的闲暇为其他形式，如 Quality Time 形式（Ortigueira, 1998）或 Home Production 形式（Campel and Ludvigson, 2001），则均衡的参数环境将发生变化。本文未考察这种变化。

的影响是边际递减的。

(三)理论模型的设定与求解

本文认为,积极的闲暇享受通常能提升个体的幸福感即效用水平,幸福感的提高,有利于作为人力资本的个体更好地利用和发挥自身禀赋,提高利用资本进行生产的工作效率,进而提升生产过程中的配置效率、提高将要素(人力资本和物质资本)转化为产出的技术效率。也就是说,闲暇不但进入效用函数,而且影响经济效率。由此,可以得到代表性当事人 Ramsey – Cass – Koopmans 形式的最优化问题:

$$MaxU = \int_0^\infty e^{-(\rho-n)t}(c^\sigma + l^\sigma)^{\frac{1}{\sigma}}dt \tag{4a}$$

$$\text{s.t.} \quad \dot{k} = y - nk - c = (T \times e^{\mu(l,\bar{l})})k^\beta(uh)^{1-\beta}h^\gamma - nk - c \tag{4b}$$

$$\dot{h} = \delta(1 - u - l)h \tag{4c}$$

其中,δ 代表教育转化为人力资本积累的程度,是大于零的正常数。这里考虑了人力资本外部性,并将外部效应的程度标准化为 1。

根据假设,效用函数对控制变量是凹和联合凹的。进一步假设效用函数 $u(c,l)$ 对 $(\dot{k},\dot{h})$ 是严格凹的。那么,在上述条件下,当初值 $k(0) = h(0) = 0$ 且 $\rho - n > 0$ 时,根据标准理论(Fleming and Rishel,1975;Toman,1985;Carlson and Haurie,1987),可以证明,当 $\rho - n$ 大于某个常数时,必然存在一个连续的路径 $\{k(t),h(t)\}t \geq 0$ 是问题(4)的最优化解。也就是说,问题(4)至少存在一个稳态路径,因此可以证明系统稳定性的存在性[①]。

注意到,稳态要求所有内生变量具有不变增长率。由于闲暇和工作受到总时间的约束,不可能持续增长或下降,于是,闲暇时间与工作时间唯一可能的稳态增长率是零,即稳态时 $\frac{\dot{l}}{l} = \frac{\dot{u}}{u} = 0$(Psarianos,2007)。

基于以上,利用汉米尔顿函数,问题(4)的动态规划解经计算为

$$\frac{\sigma c^\sigma}{c^\sigma + l^\sigma}g_c + \frac{\dot{u}'_l}{u'_l} = 0$$

由于 l 是个分数,相对于 c 而言比较小,因此,$c^\sigma + l^\sigma \approx c^\sigma$,于是经济的稳态长期增长率决定框架为

---

① 具体的证明可参见 Landrón – De – Guevara et. al(1999)中 P625 – 626 的附录部分,其中控制变量的凹性是重要条件。值得指出,本文模型和 Landrón – De – Guevara 模型一样存在多重稳态解。而 Landrón – De – Guevara 等使用"核查定理"(Verification Theorem)(Fleming and Rishel,1975,Ch. IV),利用 Bellman 方程来核查值函数,以检查多重稳态路径中哪些路径具有"最优性"(Optimality),通常特征根为非复数的稳态解是最优的。本文未讨论均衡的唯一性和最优性。

$$g_c = -\frac{\dot{u}'_l}{\sigma u'_l} \tag{5}$$

由此就得到,在其他条件不变时,闲暇对经济增长的决定框架。从(5)式看到,在技术、资本、劳动力既定的情况下,闲暇影响到经济增长率。具体的影响机制是,效率是闲暇的函数,并且闲暇的边际效率增长率是经济增长率的决定因素之一;闲暇的跨期替代决定了效用或幸福感中闲暇和消费的相对关系,这种关系不仅影响效用函数,更成为长期增长率的另一个决定因素。

三、闲暇对经济效率提升的内在作用机理与证据

3.1 闲暇促进效率提升的内在机理

魏翔和虞义华(2011)利用 OECD 经济体 30 年间的面板数据进行随机前沿分析,结果表明:闲暇效应对经济产出和技术效率具有显著的影响,如果忽略该效应,人力资本和技术效率都会被低估。仿真模型也显示:闲暇玩乐对效用或幸福感的影响是通过闲暇跨期替代弹性表现出来的;闲暇对效率的作用是通过边际效率增长率表现出来的。

现代的闲暇经济理论强调闲暇时间作为一种要素资源对经济发展的独特作用——闲暇能提高个体经济效率、具有正的外部性并能改善资源配置。当闲暇时间增多时,如果"闲而优效应"和"闲中学效应"这两种闲暇的积极作用很小,那么,闲暇增多所隐含的效率提高必然无法补偿闲暇增加挤出的生产损失,这正是最近5年来在法国上演的故事。相反,在闲暇健康化和高度化的社会,闲暇的增加将促进经济增长。

3.2 将闲暇引入基于创新的增长模型

将闲暇引入基于创新的增长模型,由 OECD 国家跨国面板数据的实证分析,我们发现:

1. 工业化社会中,改善不平等状况有利于经济增长;但进入后工业化后,应保持一定程度的不平等以维护效率,而其效用损失可由闲暇增多带来的休闲、旅游增加来弥补。

2. 提升闲暇活动(如旅游、休闲等)的质量与内涵对于建设具有经济效率和持续增长的和谐社会具有直接的促进作用。

3. 在社会向闲暇社会发展过程中要把握好改善不平等状况的方向:工业化过程中,改善不平等可以经由闲暇的减少和工作的增加来促进增长。但当社会进一步发展为闲暇社会时,就需要在闲暇时间丰富时维持一个较高水平的不平等状况,一方面保证经济效率,另一方面,经济效率提升带来的闲暇增加,此时本身就能促进增长。

四、讨论

4.1 中国居民闲暇特征分析及现阶段中国的闲暇经济发展状况

1. 中国居民闲暇行为特征

魏翔(2009)通过对北京市100个家庭进行国民时间使用调查,分析结论是:中国居民的有效消费仍不足,且休闲消费层次较低、质量不高。2013年,魏翔和美国UIUC(伊利诺伊大学香槟分校)的学者stodolska monika合作,研究了8万多个中国人的休闲行为及其休闲活动对经济效率的影响。发现:中国人的休闲行为偏于静态,中国东北地区的"在家休闲"行为最多,中国人的休闲质量偏于消极。由此可能会导致中国经济的低效率,并计算出,2011~2012年,中国的生产效率仅仅是日本的1/32、美国的1/34,一个主要原因是中国人的有效休闲时间短(工作时间长)而休闲质量低。

2. 闲暇抑制中国增长

魏翔(2005)对中国1981~2003年的经济数据进行了实证检验。结果表明,健康的闲暇活动能促进经济增长,但我国处在工业化阶段中期,闲暇时间对我国经济增长表现出微小的副作用。2010年对中国20年的计量分析显示,闲暇时间的增长对中国的经济增长有微弱的副作用。

3. 中国闲暇政策对幸福感和经济效应的影响

对2008年第一个新的"五一"旅游季做了调查,发现我国集中休假期的旅游尚不和谐,不能满足大多数人的寻求休闲幸福的要求。2013年,魏翔和李伟通过研究近20年中国的假日政策(含黄金周政策)对资本市场的影响,发现中国的假日政策对资本市场没有影响。研究显示,现阶段旨在增加收入的旅游政策(如旅游消费券政策)比假日政策会更有效。

通过对中国居民闲暇行为特征及闲暇对我国经济的影响进行分析,我们可以看到中国社会目前还处于工业化阶段,闲暇在一定程度上抑制了中国经济发展,且闲暇政策对旅游经济的增长收效甚微。

4.2 闲暇与社会发展水平

在休闲时间水平较低的情况下,经济效率随休闲时间的增加而下降,但是一旦达到适度高的休闲水平后,两者的关系就变成正向的。这个过程正好对应于经济社会从工业化社会向后工业化社会、从生产经济向闲暇经济不断发展演进的过程。在工业化社会中,工作及其生产仍是推动经济增长、提高技术水平进而提升劳动效率的主要途径,此时,休闲对工作的替代效应要大于闲暇的"闲而优"等积极效应,因此休闲会对经济增长和经济效率有一定的"挤出"作用。但是,当社会进入到闲暇社会或和谐社会后,服务经济和闲暇经济将占据主导地位,此时,效率的提高更多地需要个体通过快乐、自由的休闲与娱乐来保证,而不是依赖于外界技术手段的提升,在这个阶段,人的作用将大于物的作用。

也就是说,当经济体的物质积累达到一定程度并能稳定下来后,经济体的目标函数将发生变化——物质层面的目标将让位于人性本质层面的目标。一个可预想的例子就是,随着目标函数的转变,经济增长将出现收敛——这种收敛不是来源于新古典经济增长理论所预言的要素规模报酬递减,而是来源于经济体主动放弃增长:将经济增长维持在一个适宜的水平,而将资源配置在更有益于"快乐与自由"的地方,如享受悠闲与安逸而不是享受工作中的成就感。

五、结论与建议

5.1 结论

1. 闲暇对经济效率和幸福感具有显著影响

闲暇效应对经济产出和技术效率具有显著的影响,闲暇玩乐对效用或幸福感的影响是通过闲暇跨期替代弹性表现出来的;闲暇对效率的作用是通过边际效率增长率表现出来的。

2. 闲暇对效率的影响与经济发展水平的关系

当经济处于低水平时,闲暇通常对生产及效率是替代的,此时,闲暇的增加会降低经济效率。也就是说,此时适当减少闲暇、增加工作时间有利于促进效率、促进生产,促使经济持续增长,这比较符合中国、印度、韩国、巴西等新兴经济体的实际情况。另一方面,当经济处于高收入水平时,闲暇对生产形成互补效应,闲暇的增加有利于效率的提高,这种效应如果具有动态连续性,就能抵消要素的边际报酬递减和技术进步的放缓,推动经济持续增长,这比较符合北欧等后工业化国家的实际情况。

3. 闲暇通过效率经济来实现经济增长方式

我们认为可以通过效率改进来改变经济增长的方式,以实现经济又好又快地发展。人们除了工作和生产之外的所有活动都在闲暇中度过,闲暇安排以及这些安排所产生的积极作用,能提高个体和企业的产出率,闲暇偏好和闲暇效应是一种典型的社会文化制度或习俗,它会影响要素与技术的实际发挥程度。当经济发展到一定高度,闲暇就会对效率产生积极的作用,保证这种作用得到不断的政策强化,可以使经济体通过实现"效率经济"来实现持续增长。

5.2 建议

目前,中国经济发展的关键是切实转变经济增长方式,改变以往要素驱动的增长模式,转而实现增长方式的技术驱动,打造"创新中国"的增长模式。然而需要注意到,中国经济经过几十年的高速发展,已经开始向高人均产出水平上发展,在这个阶段效率将越发成为影响甚至决定增长态势的因素。实际上,在技术驱动方面,中国政府已做了大量工作,并在技术进步和技术创新上取得显著效益,使我国的技术水平得到较快提高。但在效率驱动方面,由于效率主要由制度、教育、文化、观念和习惯习俗决定,因而我国在效率方面的进步还比较缓慢。

伴随着收入水平的提高,在未来阶段我国经济增长方式转变的一个新的焦点在于如何改进效率。这就涉及如何通过假日改革、弹性工作制设计、国家福利政策改革等举措指导国民休息、休闲和休假,发挥闲暇对生产的互补效应,并保证这些政策的连续有效。当下国民休闲的主要问题不是法定带薪节假日数量偏少,而是大多数企事业在职人员未能享受带薪休假权利。毋庸置疑,《国民旅游休闲纲要(2013—2020年)》的颁布为通过闲暇改进经济增长效率提供了现实途径,到2020年职工带薪年休假制度将基本得到落实。当然中国经济发展极度不平衡,带薪休假制度的实施不可能在全国范围内一步到位,全面展开,因此可以先在北上广等一线城市和东部沿海的发达省份推广实施,或者是在党政事业单位或是外资、国企等重点企业率先推行。与此同时,国家应该针对企业制定一些强制性(如评优、评先等)和鼓励性的(税负减免、贷款等)措施来推动带薪休假制度的落实。

参考文献

[1] 魏翔.闲暇时间与经济增长[J].财经研究,2005(10).

[2] 魏翔,李振兴.2009年北京市国民时间使用调查报告[D].工作论文,2009.

[3] 魏翔.经济增长的新机制:闲暇效应、幸福感与经济效率[D].北京:中国闲暇经济研究中心,2009.

[4] 魏翔.闲暇的互补效应与内生增长[D].北京:中国闲暇经济研究中心,2009.

[5] 魏翔,虞义华.闲暇效应对经济产出和技术效率的影响[J].中国工业经济,2011(1).

[6]魏翔,陈倩.闲暇如何影响经济增长?——幸福感与经济效率关系的理论研究与仿真模拟[J].财经研究,2012(4).

[7]魏翔,李伟,范虹.闲暇政策有效吗?[D].北京:中国闲暇经济研究中心,2013.

[8]Baily M N, Solow R. International Productivity Comparisons Built from the Firm Level[J]. Journal of Economic Perspectives,2001,15(summer):151-172.

[9]Barnett L A. Accounting for Leisure Preferences from Within: The Relative Contribution of Gender, Race or Ethnicity, Personality, Affective Style and Motivational Orientation[J]. Journal of Leisure Research, 2006,38(4):445-474.

[10]Bramham P The sociological imagination and leisure[J]. Leisure Studies,2002 21:221-234.

[11]Caballe J, M. Santos. On endogenous growth with physical and human capital [J]. Journal of Political Economy,1993, 101(6):1043-1067.

[12]Cavette K L. Demographic, Environmental, Social and Organizational Effects of Employee's Leisure Activity Preferences and Satisfaction[D]. A Dissertation of Ph. D of the University of Mississippi,1999.

[13]Coelli T J,Rao D S P,O' Donnell C J. An Introduction to Efficiency and Productivity Analysis, 2nd[M]. Spring Science + Business Media, 2005.

[14]Cropeley M C, Purvis L J M. Job Strain and Rumination about Work Issues during Leisure Time[J]. European Journal of Work and Organizational Psychology, 2003,12(3):195-207.

[15]Elias N, Dunning E. Quest for Excitement: Sport and Leisure in the Civilizing Process[M]. Blackwell, Oxford,1986.

[16]Fleisher B M, Chen J. The Coast-noncoast Income Gap, Productivity, and Regional Economic Policy in China[J]. Journal of Comparative Economics, 1997, 25:220-236.

[17]Maguire J S. Leisure and Obligation of Self-Work: An Examination of the Fitness Field[J]. Leisure Studies,2008,27(1):59-75.

[18]Ortigueira S. A dynamic analysis of an endogenous growth model with leisure [J]. Economic Theory ,1998,16:43-62.

[19]Parker S. The Sociology of Leisure George Allen & Unwin. London:1976.

[20]Psarianos I. A Note on Work – leisure Choice, Human Capital Accumulation and Endogenous Growth[J], Research in Economics ,2007,61: 208 – 17.

[21]Rojek C. Capitalism & Leisure Theory Tavistock. London:1985.

[22]Rojek C. (ed.) 1989a. Leisure and the ruins of the bourgeois world. Leisure for Leisure: Critical Essays pp. 92 – 112. Macmillan , London.

[23]Rojek C. (Rojek, C. ed.) .1989b. Leisure time and leisure space. Leisure for Leisure: Critical Essays London: Macmillan,191 – 204.

[24]Rojek C. Decentring Leisure: Rethinking Leisure Theory Sage. London:1995.

[25]Weil D N. Economic Growth[M]. Pearson Education Inc,2005.

[26]Weissinger E, Iso – Ahola S E Intrinsic leisure motivation, personality and physical health[J]. Loisir et Societe/Society and Leisure, 1984,7: 217 – 228.

[27]Weissinger E, Bandalos D L. Development, reliability, and validity of a scale to measure intrinsic motivation in leisure [J]. Journal of Leisure Research, 1995, 27: 379 – 400.

中国旅游的发展与反思

宁泽群[①]

【摘　要】伴随着中国的旅游发展速度前所未有的迅猛,其潜在风险和挑战也日益增加。这种旅游现象说明了什么?是什么原因导致的?本文以理性的方式,通过现象寻找导致这种状况的各种影响因素和逻辑关系,以探求问题的症结所在。

引　言

中国的旅游发展正在以前所未有的速度迅猛地增长和膨胀着,它所发生的种种现象使得人们在瞠目结舌之余,有一种不知所措的惶恐:一方面是政府将旅游产业作为支柱产业发展的政策导向、企业趋之若鹜的开发热情以及全国民众出游的庞大需求;另一方面则是泄洪般的交通拥堵、景区景点的应接不暇、社会生态环境的恶化与服务管理水平的下降,以及人们在如此拥挤不堪的旅途中和景区里获得的不知是愉悦还是痛苦的体验。这种旅游发展的现象说明了什么问题?为什么会出现这样的反差?究竟又是什么原因导致的?这需要我们以理性的方式来冷静地进行探究,需要通过现象寻找导致这种状况的各种影响因素和逻辑关系,以探求问题的症结所在。

一、两个角度

实际上,这种发展现象并不仅仅发生在中国当前的社会,世界其他国家在经历了20世纪50～60年代的大众旅游发展以后,也同样带来了种种类似的问题。如旅游目的地的物价上涨,传统文化的衰退,社会问题剧增,环境的污染与自然和历史人文景观的破坏,等等。这些旅游发展的负面影响更多体现在接待西方发达国家游客的发展中国家。这些问题引发了人们的深入思考,认为大众旅游很少顾及目的地、当地居民及当地自然资源,其非常明显的季节性加剧了旅游客流与当地居民出入地区的交通方面的

[①] 北京联合大学现代休闲方式与旅游发展研究所所长、教授。

冲突,而旅游开发又加剧了人口集中程度,改变了当地居民的传统生活方式,迫使他们处于一种附属地位(Young,1983)①。在这种大众旅游与旅游目的地之间产生冲突的同时,旅游产业的商业化聚集发展模式也与旅游者的追求高质量体验的预期产生了冲突与矛盾。旅游社会学的"冲突和批判流派(conflict and critical perspectives)"就认为,这种旅游发展模式是旅游产业高度常规化、非人格化(impersonal)的发展模式与旅游者旅游经历中的质量期望值之间的矛盾与冲突,以至于一些学者认为现代旅游已经成为了颇具讽刺意味的现代"大冲撞"(Boorstin,1964;Truner & Ash,1975)②。不过,20世纪80年代以后,旅游学者们提出了种种政策性的建议或观点,如"选择性旅游"、"绿色旅游"、"生态旅游"等形式,试图从倡导提升旅游者素质的角度来改善大众旅游所带来的负面影响。

不过,在这种纷乱的对"大众旅游"的指责中,大多数学者都是从旅游业发展带来经济与社会文化后果的角度来评价这种旅游发展现象。尽管一些学者从旅游发展的合理性角度,提出了一些替代大众旅游的其他旅游形式,如选择性旅游、生态旅游等,但这仍然局限于旅游现状的认知,没有从旅游现象在人类发展演化进程中的地位来分析问题。

我们认为,旅游的发展可以从两个不同的角度来考察:一种是从旅游现实发展的角度,即旅游产业发展的角度来考察;另一种是从旅游在人类发展演化过程中的地位的角度,即将旅游作为一种现代休闲生活方式的角度来考察。

从旅游产业发展的角度考察,由于产业的分析主要注重经济效益,因此这种角度的分析主要体现在经济现象与影响效果方面。如产业的发展规模与趋势及其对国民经济的影响,市场的供求关系与厂商的经营与绩效等就成为分析考察的主要内容。这种研究较多集中在经济学、管理学、区域经济地理等领域。

从现代休闲生活方式的角度考察③,由于要考虑到社会的综合发展问题,特别是生活的质量问题,因此,这种角度的分析主要体现在旅游活动在人们生存过程中的意义以及它与生活质量的关系。它需要分析考察旅游成为生活方式的前提条件、旅游活动的本质特征,旅游行为对社会发展的影响,以及对旅游者自身生活质量的影响,现实旅游

---

① 参见 David A. Fennell:《生态旅游(中文版)》,第4-5页,北京,旅游教育出版社,2004年。
② 参见黄福才、张进福:《旅游社会学研究的理论流派》,《厦门大学学报》,2002年第6期。所谓将旅游看作是现代大碰撞主要是指一些学者对现代社会标准化发展的一种反讽,如 Boorstin(1964)认为,大众旅游就是将商品化的伪文化(非真实的当地生活)作为观光对象,导致文化的肤浅化和浮夸化,是现代社会发展中的现代性缺乏深度的体现,这导致了过去的那种英雄般的特色的旅行(travel)与探险(adventure)让位于现代毫无个性的大众旅游(mass tourism)。参见王宁:《旅游、现代性与"好恶交织"——旅游社会学的理论探索》,《社会学研究》,1999年第6期。
③ 关于旅游作为现代休闲方式的论述请参见宁泽群:《旅游与现代休闲生活方式》一文,《中国休闲研究学术报告2012》,第152-166页,北京,旅游教育出版社,2012年。

业的发展是否能够满足和如何满足人们旅游的内在需要等问题。这种研究较多集中在人类学、社会学、休闲学等领域。

在本文中,我们尝试从两个角度来扼要分析我国2002~2012年旅游的发展,并讨论它们所体现出来的不同意义。

二、2002~2012年中国旅游发展的基本情况

旅游现象是一种社会现象,从中国旅游发展的社会大背景来看,2002~2012年的11年间,中国在2003年暴发了全国性的大规模流行性传染疾病——SARS,2008年发生了汶川大地震、举办北京奥运会、发生了全球金融危机,2010年上海举办世博会。这些重大事件对中国旅游的发展或多或少地产生着一定的影响,导致旅游产业发展的一定的波动。

首先,我们看一下2002~2011年中国旅游发展的总体情况。见表1的相关数据。

表1 2002~2011年中国旅游产业发展基本情况①

年份/类别	2002	2003	2004	2005	2006	2007	2008	2009	2010	2011
旅游业总收入(亿元人民币)	5566	4882	6840	7686	8935	10957	11600	12900	15700	22500
入境旅游人数(万人次)	9790.83	9166.21	10903.82	12029.23	12494	13187.33	13000	12647.59	13400	13500
国际旅游外汇收入(亿美元)	303.85	174.06	257.39	292.96	339.49	419.19	408.43	396.75	458.14	484.64
国际旅游收入在旅游业总收入中的比重②(%)	30.32	29.47	31.13	31.23	30.27	29.08	24.58	21.06	19.87	14.20
国内旅游人数(亿人次)	8.78	8.70	11.02	12.12	13.94	16.10	17.12	19.02	21.03	26.41
国内旅游收入(亿元人民币)	3878.36	3443.27	4711	5286	6230	7770.62	8749.30	10183.69	12579.77	19305.39

---

① 根据历年的《旅游统计年鉴》的相关数据整理,比重为作者测算的。
② 国际旅游收入在旅游业总收入中的比重是我们根据相关数据的折算进行推算的。

续表

年份/类别	2002	2003	2004	2005	2006	2007	2008	2009	2010	2011
国内旅游收入在旅游业总收入中的比重①(%)	69.68	70.53	68.87	68.77	69.73	70.92	75.43	78.94	80.13	85.80
出境旅游人数（万人次）	1660.23	2022.19	2885.29	3102.63	3452.36	4095.40	4584.44	4765.63	5738.65	7025.00

表1的数据表明，尽管10年间遭遇或发生了一些影响旅游发展的或好或坏的重大事件，但总体上中国的旅游产业发展呈现着十分迅猛的势头，根据表1的相关数据计算，全国旅游总收入从2002年到2011年增长了304.24%。而从分类市场来看，入境旅游的人数和外汇收入的绝对值都是不断增加的，尽管入境旅游收入的比重在不断下降；国内旅游的人数和收入的绝对值不仅都在不断增加，而且国内旅游收入占旅游总收入的比重也在不断上升。出境旅游尽管消费的支出在《旅游统计年鉴》中没有相关的数据，但是表1中出境旅游人数的增长也是十分显著的，10年间增长了323.13%②，甚至快于旅游总收入的增长速度。

不过，由于我国旅游统计中的缺陷③，使得表1中的数据不能比较充分地反映旅游产业总体发展的情况。实际上，如果我们用出入境旅游的净产值来考察，旅游外汇的净值就会显现出与表1不同的情况。见表2。

表2　中国旅游国际收支平衡表④

年份/类别	2002	2003	2004	2005	2006	2007	2008	2009	2010	2011	2012
旅游净出口差额	50	22	60	75	96	74	47	−40	−91	−241	−519
旅游出口（入境）	204	174	257	293	339	372	408	397	458	485	500
旅游进口（出境）	154	152	197	218	243	298	362	437	549	726	1,020

---

① 国内旅游收入在旅游业总收入中的比重是我们根据相关数据的折算进行推算的。

② 根据表1的数据计算。

③ 我国的旅游总收入是由国际旅游外汇收入和国内旅游收入构成（参见《中国旅游统计年鉴》的旅游统计基本概念和主要指标解释），这种统计数据的统计实际上是不符合经济总量统计的基本理论的。因为，从出入境的旅游形式来看，它实际上是一种国际服务贸易的形式，而国际贸易的总量计量是以进出口的净值来核算该贸易的收入的。因此，单纯统计旅游出口（入境旅游收入），而不考虑旅游进口（出境旅游支出）来统计旅游出入境的净产值是不科学的，这也反映出我国旅游产业研究中基础理论不足的情况。正是由于我国旅游总量的这种统计方式，因此导致与国际的同类数据无法进行比较。

④ 表2的数据来源于国家外汇局网站所公布的国际收支平衡表公报，国家外汇管理局网站地址：http://www.safe.gov.cn。需要说明的是，可能由于统计的口径问题，同一年份中两个表中的数据是不一致的，因此，我们没有做直接的数据比较，而是主要在说明一个重要的事实：就是旅游的出入境产值应该以两者之差的净值来计算才能科学地反映出旅游产业发展的实际情况。

如果我们根据表2显示的数据来加总我国旅游总收入的话,表1中的旅游收入总量就会相应减少。特别是在表2中,我们可以发现,从2009年开始,我国旅游出入境的净产值已经呈现负数。与这一问题类似的是,每个省市的国内旅游总收入统计也应该以净值的形式来统计,而并非只是外来旅游者消费支出的加总。如果我们对表1统计数据进行此番整理,旅游业的收入总量实际上就会大打折扣。换句话来说,旅游产业的规模效益并非如表1所显示出的结果。

正如我们在前面指出的,旅游的发展除了从旅游产业发展角度来分析以外,还需要从生活方式的角度来进行考察。不过,作为生活方式的考察是一个相当复杂的过程,本文的篇幅不足以全面来探讨这一问题,但可以从一些指标中间接反映出其中的一些事实。我们在这里选择居民旅游的基本前提条件和旅游后的满意程度来进行探讨。

在居民旅游的前提条件方面,我们主要考察闲暇时间的制度规定和家庭的恩格尔系数变化的趋势情况;在居民旅游后的满意程度方面,我们选择旅游者投诉的变化趋势来判断其旅游体验中的生活质量感受。

首先,我们来考察一下闲暇时间的制度规定。我国自1999年实行国庆、春节、五一三个长假期以后,国民旅游的热情十分高涨,由于没有实施国际通行的带薪休假制度,黄金周的长假期实际上就成为了居民用以远程旅游的休闲时间,因而便引发了黄金周长假期旅游井喷持续不衰的现象。不过,2008年国家的休假制度发生了一些变动,取消了五一黄金周的长假期以后,增加了清明、端午和中秋三个短假期,从而使得居民较长距离的旅游活动受到一定的限制,而城市周边的短途旅游升温。

从居民十年里的恩格尔系数变化趋势来看,城镇居民的恩格尔系数下降不大,2002年至2011年,从2002年的37.7,下降到2011年的36.3,仅有1%左右的变化;而农村居民的恩格尔系数有比较明显的下降,从2002年的46.2,下降到2011年的40.4。参见表3。由于我国居民的恩格尔系数基本属于小康社会的水平[1],因此,居民收入能够提供支持旅游消费的基本支付能力,国内旅游者的逐年增长也反映出这一特征。我国快速交通运输工具的发展也进一步促进了这一趋势的发展[2]。

---

[1] 根据联合国粮农组织的标准划分,恩格尔系数在40%~49%为小康,30%~39%为富裕,30%以下为最富裕。

[2] 这一点可以从高铁的快速发展和私家小汽车的拥有量来得到反映。我们这里限于篇幅的原因,不再进行论述。

表3 2002~2011年中国居民家庭恩格尔系数变化趋势①

年份	农村居民家庭恩格尔系数	城镇居民家庭恩格尔系数
2002年	46.2	37.7
2003年	45.6	37.1
2004年	47.2	37.7
2005年	45.5	36.7
2006年	43.0	35.8
2007年	43.1	36.3
2008年	43.7	37.9
2009年	41.0	36.5
2010年	41.1	35.7
2011年	40.4	36.3

其次,我们考察一下居民的旅游投诉情况。参见表4。

表4 2003~2012年我国旅游实际投诉的总数量

年份	受理/实际投诉总数量
2003	5982
2004	9904
2005	7022
2006	10465
2007	9971
2008	8068
2009	7583
2010	8768
2011	11060
2012	11875

从表4的数据中,我们可以发现,旅游的实际投诉是逐年增加的,尽管这些数据的增长可能反映了旅游者维权意识的增加,并且相对旅游者总人数的比例是下降的②,但

---

① 根据相关资料数据整理。
② 实际上相对旅游者总数比例的下降并不一定反映着真实的情况,因为,大多数旅游投诉都是根据团队旅游者来统计的,而在十年的旅游发展中,散客旅游者的比例已经达到了70%左右,他们的旅游纠纷问题散发在各自不同的旅程之中,往往没有被统计进来。

这仍然反映着旅游活动中的服务和体验的满意问题。也就是说,作为生活方式来体现生活质量的旅游活动,人们对提供这项活动的产业服务是不太满意的①。更何况,景区景点人群拥挤、生态环境的恶化等问题所导致的旅游体验下降并不纳入旅游投诉的范围之内,因此,用于衡量生活质量的旅游活动在10年里总体是不理想的。关于这一点,从频繁见诸报端的旅游纠纷事件和环境恶化事件中可见一斑。

三、观察与反思

我们在第一部分中强调,对于旅游的发展需要从两个不同的角度来进行考察。

从旅游产业发展角度来看,虽然我们在第二部分中对2002~2012年中国旅游发展只是做了一个简要的概述,但其总体的发展趋势仍然能够显示出来:即中国在2002~2012年的11年旅游产业发展中获得了迅猛的增长,并且,这种增长很大程度上得益于政府政策上的支持,如2009年12月国务院颁发的关于加快旅游业发展的第41号文件,以及一些省份强调以旅游业作为支柱性产业发展的政策导向。

发展旅游业本身是无可厚非的,然而关键的问题在于发展旅游业基于什么样的发展理念,这才是问题的关键所在。纵观世界旅游发展的历史,发达国家在饱受大众旅游破坏资源、破坏生态环境之苦以后,才深刻认识到旅游业的发展实际上是提升人民生活质量的一种手段,而不单纯是为了启动国内有效需求的经济调节工具。虽然,在国务院41号文件中强调要让旅游业成为人们满意的服务业,然而,在各级政府遵循的单纯经济指标增长导向的发展理念指导下,为了更多地获取经济效益,就会以不断涌入的人群和不断增加的收入来看待旅游业的业绩。事实上,在存在着缺陷的旅游统计数据中②,夸大的旅游增长在误导着各级政府的决策者,使得他们误认为旅游收入在GDP中的比重会越来越高,其结果是对当地的国民经济发展起到带动增长的作用,并在不能明确旅游业的产业边界③的情况下,就贸然提出将旅游业作为支柱产业的问题。实际上,有关研究已经显示出,旅游业中许多产业的前向关联系数并不大,基本都是小于1,而后向

---

① 实际上,很多情况下,对一件旅游投诉的案子是一群旅游者在同一旅程中的共同的诉求,只不过是由一位旅游者提出而已。
② 我们在第二部分分析了这种增长是有水分的,因为,旅游总收入的计量必须要充分考虑到服务贸易的净产值,而不是仅仅考虑出口(入境)的收入。这对于国际间的旅游和国内地区间的旅游,在本质上是一样的。
③ 旅游业究竟是一种什么样的产业,是一个理论界具有争议的问题。尤其是它究竟包含了哪些产业,这些产业的关联性有多大,是否能够具有支柱产业的能力,都是有待进行深入研究的理论问题。而在这些问题含糊不清的情况下,就主观确认其支柱产业的地位,是典型的缺乏科学发展理念的冒进行为。

关联系数有些产业大于1,有些产业也小于1①。这与国家认定的支柱产业的前向关联和后向关联均应该大于1是不相符合的。因而,如果将旅游产业作为支柱产业又如何能够带动整个经济的发展呢!

正是由于这种单纯经济增长理念的指导,黄金周才被各级政府看作是敛财的绝好时机。动用一切可以动用的营销手段来招徕旅游者,其结果则是资源供给的紧张和服务质量的下降,并且随着大众旅游者的蜂拥而入,已被快速经济增长污染的环境则进一步恶化。集中了全年近五分之一的旅游市场的黄金周长假期(参见表5)使得旅游市场的火爆引导了大量社会资本涌入旅游产业,然而一旦黄金周过后市场萧条则又使得这些资源处于闲置状态。这种现象无疑加重了资源配置的不平衡。

表5 2002~2011年黄金周长假期旅游与国内旅游的比较

年份	黄金周的出游人数(亿人次)	黄金周的旅游收入(亿元)	国内旅游总人数(亿人次)	国内旅游总收入(亿元)	黄金周旅游人数的比重(%)	黄金周旅游收入的比重(%)	备注
2002	2.19	865	8.78	3878.36	24.94	22.30	三个黄金周
2003	1.49	603.6	8.70	3443.27	17.13	17.53	两个黄金周
2004②	—	—	11.02	4711	—	—	三个黄金周
2005	3.02	1243	12.12	5286	24.92	23.52	三个黄金周
2006	3.57	1512	13.94	6230	25.61	24.27	三个黄金周
2007	4.17	1816	16.10	7770.62	25.90	23.37	三个黄金周
2008	2.65	1189	17.12	8749.30	15.48	13.59	两个黄金周
2009	3.37	1516	19.02	10183.69	17.72	14.89	两个黄金周
2010	3.79	1812	21.03	12579.77	18.02	14.40	两个黄金周
2011	4.55	2278.5	26.41	19305.39	17.23	11.80	两个黄金周

从旅游作为生活方式的角度来看,国内旅游人数的迅猛增长反映了人们在满足温饱以后对生活质量的追求。不过,这种追求与我国目前旅游业发展的理念形成较大的差距。它具体表现在以下几个方面:

首先,超容量的旅游拥挤现象大大降低了旅游体验的感知水平。旅游作为衡量生

---

① 参见张华初、李永杰:《中国旅游业产业关联的定量分析》,《旅游学刊》,2007年第4期。实际上,这篇文章也是在没有明确旅游业边界的情况下进行的大致分析。
② 2004年的《中国旅游年鉴》的旅游业报告中没有给出黄金周的人数及收入。

活质量的一种异地休闲生活方式,良好的休闲体验是生活质量提高的体现。这种良好的休闲体验取决于对舒适环境的感知和人与人之间的友好社会互动。因而,旅游目的地的承载力是这种良好休闲体验的边界。国际学者认为,旅游区域的承载力体现为一个景区在资源的特点与质量不至于被破坏或不降低休闲体验的情况下能够保持的休闲资源利用水平,它体现为四种类型——自然承载力、经济承载力、生态承载力、社会承载力[1]。反观我国目前旅游的发展,忽视旅游景区景点承载力的拥堵现象比比皆是,甚至由于旅游者的大量涌入而导致当地居民的外逃现象[2],而当地政府在容量管理上处于毫无作为的状态,甚至认为是旅游大发展的标志。这些都反映出没有解决好旅游发展目的的本质是为了提高人们的生活质量还是为了经济的快速增长的问题。

其次,旅游目的地的散客公共服务的缺失与不足。由于大众旅游带来的种种弊端,20世纪80年代以后,国际旅游兴起了一种以选择性旅游替代大众旅游的旅游方式。而选择性旅游主要体现为散客自由行的方式。它是以旅游者自我行为为主导的旅游活动,是当前国际时尚流行的旅游方式。它激促旅游者创造能力的发挥,并可提高其旅游生活的实际质量[3]。实际上,散客旅游者在国际上已经占据旅游市场的主体,成熟的旅游目的地城市散客旅游者的比例高达80%~90%。我国近十年来,散客旅游比例也在不断扩大,大约为70%。但是,我国旅游发展一直遵循着大众旅游发展模式,尤其是以旅行社团队旅游为主体的旅游发展模式。由于团队对旅游目的地的线路安排往往是固定的点线式模式,而不是散客对旅游目的地的发散性的漫游式模式,因此,旅行社并不过多地借助当地的公共服务设施(如城市公共交通、城市综合信息服务等),从而导致长期以来我国旅游目的地为散客旅游者提供服务的公共服务体系一直处于不足和缺失的状态,致使黑车黑导盛行。

最后,缺乏对旅游吸引物内涵的认知,导致以破坏资源的方式来建造景观。旅游的本质内涵是旅游者在闲暇时间内在异地的休闲体验,这种体验的对象是当地居民的社会生活方式。这种生活方式分为自然基础和人文基础。自然生存环境和演化构成我们所说的自然景观,而人文生存环境则由时间的节点来进行分类划分,从而形成当代民风民俗和时间久远的历史文化遗存。它们都构成对旅游者的巨大吸引。然而,我国旅游

---

[1] 参见(英)米歇尔·霍尔、斯蒂芬·J.佩奇:《旅游休闲地理学——环境、地点、空间(第三版)》,第176页,北京,旅游教育出版社,2007年。

[2] 参见宁泽群:《旅游与现代休闲生活方式》一文,《中国休闲研究学术报告2012》,第161-162页,北京,旅游教育出版社,2012年。

[3] 参见何佳梅、许峰、田红:《论选择性旅游的可持续发展意义》,《经济地理》,2001年第3期。

发展的指导者并没有充分意识到旅游者对旅游吸引物内涵感知的这种意义,而是认为旅游吸引物如同商品一样,需要以崭新的面貌来招徕客人,因此,拆旧换新的商业街区的改造成为一项旅游开发的时髦项目。在这一过程中,街区的改造剥离了原住民生机盎然的生活方式,并将其重新异地安置,而全新改造后的街区则蜕变为仅供旅游者观赏的景区,原有的当地居民的生活气息荡然无存。这种再建的景观既没有当代居民的生活气息,也没有历史遗存的痕迹,成为了一种仿造品。在这种既没有生活气息又没有历史时间痕迹的仿造品面前,旅游者要对谁去体验,对谁去感知呢？由此可见,针对大众旅游模式的旅游商业开发并不能增加旅游者感知生活的兴趣,相反,雷同的商业开发模式使得旅游者感到索然无味,生活质量提高的异地体验预期就会大打折扣。

当然,在我们批评和反思这十年的旅游发展过程中种种不尽如人意现象的同时,我们也应该看到这十年中旅游作为一种现代生活方式发展的进步表现:如旅游管理部门对入境旅游的下滑感到压力的同时,我们恰恰看到的是旅游业倾向于国民旅游,在为更多的国民大众服务,是一种提升国民生活质量的服务,而不是抱着单纯为了赚取外汇收入的经济动机;又如出境旅游的迅猛发展,恰恰反映出我国居民生活水平的提高,对于庞大的外汇储备而言,出境旅游的外汇支出正好起到外汇收支平衡的功能。

以上就是我们对中国10年旅游发展的理解与反思。我们认为,只有更好地探究和理解旅游发展的内涵,才能够正确指导旅游业的合理发展,才能够使得旅游真正成为提升人们生活质量的现代休闲生活方式,才有助于旅游产业成为人民满意的现代服务业。

参考文献

[1] David A. Fennell. 生态旅游:中文版. 北京:旅游教育出版社,2004.

[2] 黄福才,张进福. 旅游社会学研究的理论流派[N]. 厦门大学学报,2002(6).

[3] 王宁. 旅游、现代性与"好恶交织"——旅游社会学的理论探索[N]. 社会学研究,1999(6).

[4] 宁泽群. 旅游与现代休闲生活方式[M]//中国休闲研究学术报告2012. 北京:旅游教育出版社,2012.

[5] 张华初,李永杰. 中国旅游业产业关联的定量分析[J]. 旅游学刊,2007(4)。

[6] 米歇尔·霍尔,斯蒂芬·J. 佩奇. 旅游休闲地理学——环境、地点、空间(3版)[M]. 北京:旅游教育出版社,2007.

[7] 何佳梅,许峰,田红. 论选择性旅游的可持续发展意义[J]. 经济地理,2001(3).

中国国民休假制度的思考

——兼论世界国民休假制度

王兴斌[①]

【摘　要】当前世界各国国民休假制度基本上由日常休闲、周末休假、带薪年假和法定节日等4个方面组成,带薪休假与错峰休假已成为国际共识与国际惯例。中国目前115天的全年休假时间与世界多数国家接近,但也存在着严重的弊端。把国民自主安排带薪年休假的权力还给国民,使国民自主享受休假权利与企事业单位正常活动相协调,错开休假时段、减缓集中休假,从而保障社会经济文化生活和国家内政外交活动全年候的正常运行,既是当务之急,也是建设和谐社会的长远之计。

【关键词】国民休假制度　带薪休假制度　黄金周

休闲文明是现代社会的标志之一,休闲意识、休闲方式、休闲环境与休闲制度是休闲文明的基础。科学的休闲制度是培育文明休闲意识、树立健康休闲方式、营造良好休闲环境的关键,国民休闲要重在制度建设,研究13亿人口大国国民休假制度的整体设计。

一、世界国民休假制度的共同趋势

(一)世界国民休假制度的历史演进

人类跨进文明的门槛后,劳动与休闲是人生不可分割的两部分。保障和扩大劳动权与休假权是人类经济社会文化发展的必然趋势,也是进步人类为之奋斗不懈的重要目标。世界近现代史上,职工劳动与休假制度实现了日工作8小时与年带薪休假制度的两大历史性进步。

近现代,随着工业革命、科技革命的不断推进,工薪者的劳动时间逐步缩短。18世纪欧美地区的日工时长达12小时以上,英劳工运动首先提出10小时工作日的要求,

---

① 北京第二外国语学院原旅游科学研究所所长、教授,研究方向旅游与休闲经济、管理与规划。

19世纪初英国颁布《工厂法》，把童工、女工和成年男子的日劳动时间限定为10小时、12小时。1866年欧美工人运动的联合组织——国际工人协会（史称"第一国际"）于日内瓦会议通过了实现八小时工作制的要求。1886年5月1日美国芝加哥20万劳工举行大罢工，要求实行"三八"制度（八小时劳动、八小时睡眠、八小时休息），遭到政府当局镇压，几名工人领袖惨遭杀害。1889年7月，国际社会主义工人代表大会（史称"第二国际"），为纪念芝加哥劳工的大罢工，把5月1日定为各国劳工的"国际示威游行日"，五一国际劳动节由此而来。1914年美国国会通过《劳动保护法》，1916年美国铁路兄弟会通过八小时工作法。1920年美国率先实行每周50小时工作制。1932年国际妇女服装工会实现了每周40小时工作制。1935年国际劳工组织确认每天8小时工作制，每周实行40小时工作制。

在法国200万工人大罢工的背景下，1936年6月7日，法国总工会与雇主协会签订《马提翁协议》，同意雇员实施带薪休假。同年6月20日，法国众议院通过《带薪休假法》，该法规定所有职工只要在一家企业连续工作满一年时间，便可享受15天的带薪假期。其后又把职工的带薪休假权载入《劳动法》，首开从法律上确定职工带薪休假权的先河。1938年英国通过《带薪休假条例》，二战爆发前1100万工人享受了带薪休假权利，占全国劳工的半数以上。

经历反法西斯战争的洗礼，人们更加珍视人权的保障。1948年12月联合国大会通过的《世界人权宣言》认定，"任何人都有休息、休闲的权利，尤其是享有合理的工作时间和定期带薪休假的权利"，休闲权与劳动权一样成为人权的不可缺少的内容。1949年国际劳工组织又进一步提出，劳工每年至少有6天带薪休假。1966年12月，联合国大会通过的《国际经济、社会和文化权利公约》规定，各国政府应确保人人都能"休闲、娱乐，合理限制工时和定期带薪休假，以及公共假日期间照常发薪"。1970年联合国劳工组织通过《休闲宪章》，认为"休闲与娱乐为补偿当代生活方式中的人们的许多要求创造了条件，更为重要的是它通过身体放松、竞技、欣赏艺术/科学和大自然，为丰富生活提供了可能性。……闲暇时间是一种自由的时间，在这个时间里，人们能掌握人和作为社会的有意义的成员的价值"。

20世纪60年代后，西欧北美绝大多数国家普遍实行了带薪休假制；20世纪七八十年代后，日本、韩国、新加坡、泰国、印度、巴西和阿根廷等国以及我国香港、台湾、澳门地区也先后实行了这一制度。

在全球经济一体化、信息化的时代，既要保障国民的自主休假权利，并防止扎堆出行造成的交通拥堵、休闲旅游场所紧缺而出现的弊端,又要使社会生活正常、连续运行,保证政府机关、企事业单位的工作与生产不中断。国际社会在总结各国经验的基础上取得了共识。1982年8月墨西哥世界旅游会议《阿卡普尔科文件》提出:"各国的责任不能局限于仅仅承认(国民的)休假权利,而应创造实际的和恰当的条件,让那些享有假日的人更有效地享受","应该做出实质性努力错开休假时间"。1985年9月世界旅游组织全体大会通过《旅游权利法案和旅游者守则》,再次要求各国政府"采取措施,特别是通过更好地分配工作和娱乐时间,建立和改善年度带薪休假制度和错开休假日期,以及特别注意青年、老年和残疾人等旅游手段,使每个人都能参加国内和国际旅游"。带薪休假与错峰休假已成为国际共识与国际惯例。带薪休假与错峰休假两者是相辅相成的。

(二)各国国民休假制度的基本框架

当前世界各国国民休假制度基本上由日常休闲、周末休假、带薪年假和法定节日等4个方面组成。

日常休闲:8小时工作或上学后的闲暇时间。目前绝大多数国家实行8小时工作制,西欧个别国家实行7小时工作制。

周末休假:目前绝大多数国家实行8小时工作制,100多个国家实行每周5天工作制,周六、周日为休假日。到1995年,世界上已有145个国家实行了5天工作日制度。

带薪休假:职员每年享受一段时间的假期。欧盟规定所有成员国每年的带薪休假不得少于4周,包括全职和非全职员工。目前有的欧盟国家带薪年假达4至6周,俄罗斯为40天,加拿大10至30天,阿根廷28天,智利15天,墨西哥6天,泰国规定雇佣关系在1年以上者有6天以上的带薪休假,外资企业职工有2周至1个月,公务员10天。印度16天,政府雇员每年都有30天假期。

法定节日:法定节日大致可以分成三类:一是政治性节假日,如国庆纪念日、独立纪念日或战争纪念日等;二是宗教性节假日,如圣诞节、佛诞节、开斋节等;三是国家或民族的传统节假日。法定节日以举行特定的纪念、庆祝活动为主要目的,但不是以休闲或商业性活动为主要目的,法定节日一般为休假日。各国的国情不同,法定节日的数目与天数不等,智利为20天,墨西哥为17天,印度16天,日本、韩国为15天,埃及、立陶宛、奥地利、菲律宾为13天,俄罗斯、西班牙、新西兰、巴西为12天,澳大利亚、新加坡、马来西亚为11天,波兰、法国、芬兰、丹麦、葡萄牙、比利时、美国、新加坡、泰国为10天,瑞士、加拿大为9天,英国、意大利、荷兰、卢森堡、墨西哥为8天。以上只是指全国性的公共节假日,不包括地方或民间的文化节日、民族节日、宗教节日与地方性的节日,也不包括带薪年假的天数。

随着社会经济的发达、国民权利的增加和生活水平的提高,日工作时间、周工作日会逐步减少,日常休闲与带薪年休假的时间会逐步增加。同时,由于各国发展水平的差异、国情民俗的不同,各国的休假制度各有特点。这是世界国民休假制度的共同趋势。

(三)若干国家国民休假案例

(1)日本

法定节日有:元旦、成人日(1月第2个星期一)、建国纪念日(2月11日)、春分日(3月20或21日)、昭和天皇生日(4月29日)、宪法纪念日(5月3日)、环境日(4月29日,又称绿之日)、儿童节(5月5日)、海洋日(7月第3个周一)、敬老日(9月第3个周一)、秋分日(9月23日或24日)、体育日(10月第2个星期一)、文化日(11月3日)、勤劳感谢日(11月23日)、天皇诞生日(12月23日),共15天。这种节日安排几乎使每个月都有一两个假日,在日历上用红色显示,被称为"红日子"。

1998年日本《劳动标准法》(修改稿)规定,公务员每年可带薪休假20天。公司员工通常工作一年后可带薪休假10天,此后工龄每增加1年,带薪假期增加1天,最高为20天。临时工连续工作6个月也可带薪休假。2000年初开始实施《节日改休法》,把"成人节"等四个节假日从原有的固定日期改为浮动日期,全部安排在周一,使之与周六、周日形成"三连休"。新年从12月28日到1月3日左右,如1月4日、5日是周六、周日,形成新年7天连休。从4月29日环境日开始,5月3日宪法纪念日、5月4日绿色日、5月5日儿童节,加上其间的周六、周日,形成一周左右的春季连续休假。还有8月中旬暑假连休。

日本有关方面曾做过调查研究,认为如果年度带薪休假在日本能够得到完全利用,其经济辐射效果将达到11.8兆日元,可产生的就业机会将达到148万人。日本认为,休假时间分散,能够缓解铁路、公路、航空等社会基础设施方面的压力,可避免用电过于集中的弊端,减少社会性开支。分散休假可提高生产积极性,调节和恢复人们的精神健康和身体健康,促进家庭和睦,从长远看休假还可以减少医疗费用的开支,减少国家财政补贴,并对改善环境方面也有贡献。

(2)韩国

法定节日有:元旦2天、春节1天、独立运动纪念日(3月1日)、植树节(4月5日)、革命纪念日(5月16日)、显忠日(6月6日,政府公祭战死军人)、制宪节(7月7日)、光复节(8月15日)、建军节(10月1日)、中秋3天、开天节(10月3日,传说中古朝鲜的建国日)、文字节(10月9日,纪念创建韩国文字)、圣诞节1天。如果法定节假日与周末(周六或周日)重叠,就不再顺延补休。但中秋节和春节两个节日除外,可以顺延补休。当法定节假日与周末不相连时,政府一般不会人为地将它们凑在一起。个人可灵活利用自己的带薪年休假来弥补这个缺憾,凑成较长的休假天数。

法律规定职工享有带薪休假20天,很多企业在夏季放4天假,职工人均25天。一些大型企业奖励职工两三天连休,或让职员享受一年两次当天返回的"慰劳旅行",让新职员以研修名义参加集体游览。

(3)法国

法定节日有:元旦、国际劳动节、国庆节(7月14日)、停战节(11月11日,纪念第一次世界大战停战)、复活节(春分第一次月圆之后的第一个星期日)、耶稣升天节(复活节后的第六个星期日)圣灵降临节(复活节后的第七个星期日)、圣母升天节(天主教8月15日、东正教8月27日)、万灵节(11月1日,祭奠、凭吊故人)、圣诞节(12月25日)。这些节日除非是星期三单独休,否则就和周末连起来可休3天到4天,即如果节日是在星期二,那么夹在周末和这个节日中间的星期一也被当作休假日,是不成文的"假日搭桥"惯例。

1982年法国开始实行每周5天、39.5小时的工作制,并将带薪假延长为5周。如果节假日与周末只相隔一个工作日,单位可实行搭桥假期,形成长周末。法国《劳动法典》规定:"凡在相关年度内,证明受同一雇主雇用的时间至少相当于实际工作一个月时间的劳动者,均有权享受休假;假期时间之长短按每工作一个月休闲2.5个工作日计算,但每年可要求休假的总时间不得超过30个工作日。"企业主在征询员工代表的意见后,安排本企业员工的休假时段。这种安排需要至少提前2个月公示。法国《劳动法典》对不同工种、临时工、学徒工、夫妇双职工等不同雇员的带薪休假待遇均有具体规定。

(4)美国

法定节日10天:元旦、华盛顿诞辰日(2月22日,也称全国公共服务和缅怀日)、复活节(3月21日后的首个星期日)、独立日(7月4日)、哥伦布日(10月13日,纪念哥伦布首次登上美洲大陆)、阵亡将士纪念日(5月30日)、万圣节、退伍军人节(11月11日)、感恩节(11月的最后一个星期四)、圣诞节(12月25日)。美国联邦政府规定的10个法定假日执行方案由州或地方裁定,除新年、独立日、老兵日、感恩节和圣诞节外,官方假日指定在星期一,以与周末形成3天连休假。各州还可指定节假日。

美国联邦和各州没有统一规定带薪休假制度,由劳资双方协商,几乎所有企业实行带薪休假。带薪休假天数根据资历累加,少则1周,多则3周、4周、5周。据旅游网站Expedia报告,2012年,美国人年休假超过3周的占36%,3周的占22%,2周的占26%,1周的占11%,不到1周的占5%。美国三分之二以上的用人单位都采用了"带薪假日"制度。

(5)巴西

法定节日为:元旦1天、狂欢节(2月中下旬,3天)、耶稣受难节(4月2日)、印第安人日(4月19日)、民族独立日(4月21日)、五一国际劳动节、圣灵节(6月初)、国庆节(9月7日)、圣母显灵节(10月12日)、万圣节(11月2日)、共和国日(11月15日)、圣诞节。巴西有公历新年、国际劳动节、独立日、万圣节、共和国日和圣诞节等全国性的法定节假日,每个法定节假日休息1天。有的州和市还自行设立地方性节假日。如果法定节假日与周末重叠不予补休,但如果遇上周二或周四,很多企业和机构往往采取与周一或周五"搭桥"的方式,让员工享受一个长假期。巴西新年、独立纪念日、圣诞节若正逢周二至周五时,则移至周一,与周六、周日连休3天,举国同庆的狂欢节连休3天。

巴西《劳动法》规定,员工工作满12个月可带薪休假30天,并能领取相当于月工资三分之一的休假补贴。禁止员工全部"出售"自己的带薪假期,要求员工每年至少要把假期的三分之一用于休息。如果员工带薪休假制度没有得到执行,政府主管部门将参照当地工资标准处罚雇主。员工因病缺勤时,照常享受带薪休假。对低收入者企业设有度假储备金,低收入者可领取度假支票,用于住宿、餐饮和交通支出。农牧业等季节性强的行业通常利用生产淡季安排员工休假。

(6)澳大利亚

法定节日有:元旦2天、建国日(各州分别为1月26日、30日)、澳新军团日(4月25日)、英女王寿辰(6月4日)、耶稣受难日(4月17日)、复活节(春分第一次月圆之后的第一个星期日)、圣诞节(12月25日)、节礼日(12月26日)。公共假日一般是全民放假,但一些必须营业的部门,如大型日用超市则会适当地缩短营业时间,如照常工作就可以拿到两倍甚至三倍的工资。

法律规定,在同一雇主下工作1年以上者可得到至少20天的有奖金的带薪休假,该奖金相当于平时工资的17.5%,并须在休假前支付。如不休假,则取消奖金。在同一雇主下工作10年者至少休假6周,15年以上者有13周带薪休假。工作满10年有一次性3个月假期。

(四)中国香港、澳门和台湾地区的国民休假制度

(1)香港地区

香港《劳工法例》第四章《雇佣条例》规定了"休息日、法定假日及有薪年假",法定节日共12天:元旦、春节3天、清明节、端午节、香港特别行政区成立纪念日7月1日、中秋节翌日、重阳节、国庆日2天、冬节或圣诞节1天,由雇主选择。如法定假日适逢雇员的休息日,雇主应于休息日翌日补假。香港地区圣诞节连休3天。

工作周为星期一至星期六工作。"雇主如无合理辩解不给予雇员休息日,可被检控,一经定罪,最高可被罚款5万元"。《雇佣条例》规定,"有薪年假的日数按雇员受雇年资由7天递增至最高14天",服务1~2年为7天,3年为8天,4年为9天,5年为10天,6年为11天,7年为12天,8年为13天,9年以上为14天。"雇主如无合理辩解不给予雇员放年假,可被检控,一经定罪,最高可被罚款5万元"。

(2)澳门地区

澳门法定假日由特别行政区政府每年公布,时有修改。公众假日为:元旦、春节3天、清明节、耶稣受难日、复活节、佛诞节、劳动节、端午节、中秋节翌日、中华人民共和国国庆日2天、重阳节、追思节、圣母无原罪瞻礼、澳门特别行政区成立纪念日、冬至、圣诞节2天,共20天。

由于某些节日在星期六,行政长官特许豁免的上班日期9天半:元旦后首个工作日、复活节前日之后首个工作日、佛诞节后首个工作日、端午节后首个工作日、圣母无原罪瞻礼后首个工作日、除夕(假期第一天是下午半天)。由此全年连休假期为元旦3天、春节4天、耶稣受难日与复活节2天、端午节3天、国庆节3天、澳门特别行政区成立纪念日与冬至2天、圣诞节2天。

澳门第4/98/M号法律《就业政策及劳工权利纲要法·澳门劳资关系》确定劳工的带薪休假权利。"在每1平常年,工作者有权享受6个工作日的有薪假期;倘工作关系的时间少于12个月但多过3个月时,工作者有权享受的每年假期,系按工作关系的时间比例计算,每月或不足1月享受半日"。

对雇主违反法律,不给工作者合法休假的,《澳门劳资关系》规定:阻止工作者享受年假之雇主,将以赔偿名义给予工作者相当于不能享受假期时间之三倍报酬。同时"工作者在每年有薪假期中,不得从事任何其他有薪的活动;但倘原已兼职或获得雇主许可者除外"。"不遵守上款规定的工作者,雇主有权对其作纪律追究,并取回相当于每年假期的工资"。

(3) 台湾地区

公众假日每年由政府发布。2013年的公共假为：元旦4天、农历新年9天、和平纪念日(2月28日，纪念1948年2月28日台湾流血事件)、革命先烈纪念日(3月29日，纪念1911年4月27日黄花岗起义72烈士)、儿童节4天(4月4日至7日)、民族扫墓节(清明节)、端午节、中秋节4天(9月19日至22日)、孔子诞辰纪念日(9月28日，也是教师节)、双十节(10月10日，纪念1911年武昌起义)。台湾地区周六工作半天，节日与周六重叠时，周六休假，与周日连休2天，但周六的半天工作移至下周六完成。台湾地区从1998年起实行隔周双休日制度。

1998年《劳动基准法》把带薪假期作为开展终身教育、建立学习化社会的一项策略。2002年12月25日修正的《劳动基准法》规定，雇员有相应的法律依据享有休假的权利，雇主有依法使雇员享受休假待遇的法定依据。工作1～3年有7天假期，工作3～5年有10天假期，工作5～10年有15天假期，工作10年以上每年增加1天，最多30天。《劳动基准法实施细则》(1985年2月25日)规定，雇主与雇员签订的《劳动契约》中，必须明文规定雇员的"休息时间、休假、例假"等有关事项，并报主管部门备案。

港澳台国民休假制度有3个共同特点：

① 保留春节、清明、端午、中秋、重阳等中华民族的传统节日，传承民族文化。

② 政治性、民族性节日只在当天放假(中秋节当天不放假，第2天放假，更人性化)，与周末假日相重叠时补1天假，保证周末正常休假，从不挪用周末来拼凑5天或7天连休假。

③ 颁布法律(香港《劳工法例》、澳门《就业政策及劳工权利纲要法》、台湾《劳动基准法》)，在雇主与雇员的劳动合同中规定保障劳工的休假权，并把选择有薪休假日期的权利交给劳工与雇主协商。

二、中国休假制度的建立与演变

(一)中国古代休假制度的演变

古代早有休闲与节假日。在农耕社会，人们过着"日出而作、日落而息"的生活，根据农事忙闲安排休闲，并约定俗成形成了与农事相关的节日。唐代的节日有：元日(春节)、冬至各7天。寒食、清明合一为4天。八月十五、夏至、腊日，各3天。正月初七、正月十五、晦日(月末之日)、春社、秋社、二月初八、三月初三、四月初八、五月初五、三伏、七月初七、七月十五、九月初九、十月初一、立春、春分、立秋、秋分、立夏、立冬，各1

日。到明清时期,春节、清明、端午、中秋、重阳等已成为全民节日。这些节日的特点兼有农事时令与民族文化的内涵,体现了科学性、生产性与休闲性的结合。此外,古代还有学生的春假、秋假、田假(农忙假)。

古代也有官员休假制度。从汉朝到隋朝官定假日为5天休假一次,称"休沐"(休息和沐浴)。唐代至元代,继承南北朝时南方地区的"旬休"制度,即每月第10天、第20天和最后1天各休假1天,官员在一些传统节日享受休假的福利,按节日性质可分别放假1天、3天、5天或7天。像春节和冬至等节日,每次可放7天假。此外官员还有探亲假、婚假和丧假。明清时期,取消旬休,但有长假可休。春节的假期长达一个月,从阴历十二月二十即开始放假至元宵后上朝。

(二)我国大陆地区国民休假制度的演变

1912年"中华民国"成立后,引进西方休假制度,把星期天定为假日,主要是政府机关、银行与学校等机构实行。

1. 1949至1978年的国民休假制度

1949年9月,中国人民政治协商会议第一次全体会议通过了《共同纲领》,决定采用世界公元纪年,10月1日被确定为国庆节。政府机关与企事业单位实行星期日休息的制度。1949年12月23日,政务院发布《全国年节及纪念日放假办法》(以下简称《放假办法》),规定新年、春节、劳动节和国庆纪念日成为全民休假节日,其中新年、劳动节各放假1天,国庆纪念日放假2天,春节放假3天,共7天。如节日逢星期日,限定周一补假。此外,妇女、中等学校以上学生、儿童及军事机关人员还分别享有妇女节、青年节、儿童节、建军节各半天的假期。夫妻离居或与父母分居两地的职工还可休探亲假。1949年至1999年职工每周休息1天,全年约52天,加上7天节日假,全年共59天休假。在"文革"前,社会上流行"先工作,后生活"的理念,加班、加点时有出现。"文革"期间,十分盛行利用休假时间参加运动、义务劳动,甚至以过"革命化的春节"为名取消了春节放假。

2. 1979年以来国民休假办法的变化

1978年"文革"结束后,恢复正常的休假制度,1980年全国恢复春节放假。1982年通过的《宪法》第43条规定"劳动者有休息的权利。国家发展劳动者休息和休养的设施,规定职工的工作时间和休假制度"。1995年5月起在全国实行每周5天工作、休假2天的制度,加上春节等节假日7天,国民年休假达111天。

1998年亚洲金融危机波及我国,国内有效需求不足,产品积压、企业亏损、失业增长,银行存款居高不下。1999年中央经济工作会议提出"实行积极的财政政策",电子信息、住房、汽车和旅游被列为"新的经济增长点"。1999年2月,国家财政部召开"旅游与财政——新的财源增长点"研讨会。同年9月,国务院决定,当年国庆节挪用2个周末双休日实行7天长假。1999年12月,国务院修订《放假办法》,全国法定节日放假时间由过去7天增加到10天。劳动节从1天增加到3天,国庆节从2天增加到3天,并规定:全民放假的假日如果适逢星期六、星期日,应当在工作日补假;部分公民放假的假日(如妇女节、青年节等)如果适逢星期六、星期日,则不补假。这与1949年规定只在周一补假的情形有所不同。从2000年起,春节、五一、国庆各休3个节日各休7天长假,并借用了日本的提法"黄金周"。

2006年6月21日国务院办公厅转发国家旅游局、国家计委、国家经贸委、公安部、建设部、铁道部、交通部、民航总局、国家统计局等部门的《关于进一步发展假日旅游若干意见的通知》提出,"切实抓好假日旅游工作,把旅游业这个国民经济新的增长点进一步培育好,使其在拉动内需、刺激消费、促进经济结构调整和扩大对外开放中发挥更大的作用",成立"全国假日旅游部际协调会议办公室"。

近6年间实行"黄金周"的弊端引起了民众对这种休假安排的不满,并强烈要求在全民节日中增加民族传统节日。2007年12月,国务院对《全国年节及纪念日放假办法》再次作出修改,确定清明节、端午节、中秋节为全民节日,国庆节由2天增加到3天,缩短了劳动节假期,实际上取消了"五一黄金周",具体安排为元旦、清明节、劳动节、端午节、中秋节各1天,春节、国庆节各3天。春节开始放假的时间由初一提前到了除夕。至此年放假天数由7天增至11天,连同104天周末双休日全年休假共115天。在部分公民放假的安排上,基本延续上一版本的相关规定,不过对于儿童节放假人群的年龄限制,由13周岁以下放宽至14周岁以下。

对于职工休假问题,1991年6月中共中央和国务院《关于职工休假问题的通知》规定,"可以安排职工年休假"。"安排最多不超过两周的年休假,休假方式一般以就地休假为主"。1995年1月1日开始实行的《劳动法》规定"劳动者每日工作时间不超过8小时、平均每周工作时间不超过44小时的工时制度";"国家实行带薪年休假制度。劳动者连续工作1年以上的,享受带薪年休假。"从原则上确定了实行国际上通行的职工带薪休假制度。2007年12月国务院在修改《放假办法》的同时,公布了《职工带薪年休假条例》,规定:职工累计工作已满1年不满10年的,年休假5天;已满10年不满20年的,年休假10天;已满20年的,年休假15天。2008年9月人力资源和社会保障部颁布实施《企业职工带薪年休假实施办法》,自此形成了宪法、法律、行政法规和部门规章四位一体的职工带薪年休假法律保障体系。

中华人民共和国成立以来国民休假制度的演变表明,随着国民经济的发展与人民生活水平的提高,休假时间逐步延长,并逐步与国际惯例接轨,国民休闲状况不断改善。目前115天的全年休假时间基本上与世界多数国家接近,但也存在着严重的弊端。

(三)现行国民休假制度的利与弊

从1999年开始,我国挪用周末双休日形成一连3天的长假制,被称为"黄金周"。在全国没有全面实行职工带薪年休假制度的情况下,这种安排激醒了国民、主要是城镇居民的休闲意识,扩大了城镇居民的休闲消费需求,丰富了人们的休闲生活;促进了交通、信息、景区、住宿、餐饮、购物、娱乐、安全等服务设施的配套组合和休闲产业的发展;促进旅游等休闲服务行业的服务、协调和管理水平的提高,具有积极作用。但是这种全民休假安排方式具有一个不可解决的内在弊端:"黄金周"期间休闲旅游供小于求,"黄金周"后休闲旅游供大于求。长期实行这种方式,不符合国民自主休闲与错峰休假的原则,不利于国民休闲生活质量的提高与可持续发展,不利于旅游文物资源与生态环境的保护与可持续利用,不利于经济社会生活的稳定、连续、有序运转。这种方式是用行政手段制造全年几次旅游消费高潮,实质上是计划经济方式的遗习;"黄金周"式的假日经济是以资源与环境的高消耗、经济与社会的高成本、休闲服务产品的高价格和低质量为代价的一种不协调、不平衡、不可持续的增长模式。

目前中国处于工业化、城镇化中期,城镇人口仅占人口半数,"黄金周"式的长假已如此不堪重负,设想若干年后基本完成城镇化后,城镇人口超过10亿,集中式长假的问题会何等严重。如果不坚定推行带薪休假制度,即使再增加几个"黄金周",或许可以暂时缓解国庆长假的拥堵度,但不能从根本上解决"黄金周"前后假日休闲与旅游经济供求严重失衡的内生弊端。同时用挪用周末双休日的办法拼凑长假的做法既打乱了人们的正常作息生活,也不利于企事业单位的正常运行。

2013年10月中旬"假日办"通过多家网站进行的网民调查表明,7成的网民对挪假式的长假安排不满意,对3天连休假赞成与反对的比例为49∶45,对7天连休假赞成与反对的比例为45∶51,表明"黄金周"式集中旅游休闲安排,已经越来越不适应国民休闲日益增长的需求,尤其是不适应提升国民休闲旅游品质的需求。11月底的网络调查结果,赞成春节、国庆双长假的占5成多、占微弱多数,赞成取消国庆7天长假的占3成左右,表明对挪假式的长假方式已失去社会共识。与此同时,要求加大推行带薪休假制度的力度是最大的共识。尽管目前有部分职工（主要是农民工和城镇流动就业人员）仍需要国庆"黄金周"，甚至希望恢复五一"黄金周"，但这只是权宜之举，而推广带薪休假、建立国民休假制度乃是长远之策，这是提升国民旅游休闲品质的必然之举，也是推动休闲/旅游经济从数量型向数量质量相结合，从粗放式、规模型向集约与效益并重转型升级的必要之举。

带薪年休假是国际通行的科学制度，有利于国民自主式、个性化的旅游，有利于提升国民休假满意度、幸福度；有利于旅游资源和生态环境的保护和持续利用；有利于政府机关、企事业单位正常运行，社会生活有序、良性运转；有利于休闲经济与"娱乐经济"、"体验经济"接轨，提高休闲产业素质，有利休闲产业的全面、持续发展。

2010年《小康》杂志中国全面小康研究中心发布的《职场人休闲满意度》调查表明，通过在全国31个省份中，对高中学历以上、实际月收入在3000元及以上的十类职场人士进行问卷调查，发现已有三成人每年享受带薪休假，在行政机关达到98.2%，国有企业、事业单位和外资企业分别为97%、96.5%和95.4%。《新京报》在2012年中秋、国庆期间开展的网上调查显示，受访者中过去一年内休假6天以上的占25%，休假3~5天的占19%，休假1~2天的占9%，未休假的占44%。北京《法制晚报》2012年10月的一项调查表明，享受11天以上带薪休假的占16%，享受6~10天的占17%，享受1~5天的占38%，没有享受的占29%。这些调查数据都表明，自从2008年国务院颁布《职工带薪年休假条例》以来，虽然进展不尽如人意，但已取得重要进展。中国地域辽阔、人口众多、区域发展不平衡，带薪休假制度当然不可能在全国范围内一步到位，但是不能因此对其不热心、缺信心、无作为。如果用历史的眼光看，法国、英国经过近半个世纪的努力才得以普及，我国在《职工带薪年休假条例》颁布后的五年中就有三四成的职员享受了带薪休假权利，是一个不容小看的进步。

即便再增加一两个7天长假也未必能解决假期内旅游、休闲供不应求的严重状况。2007年前三个"黄金周"时，也多次出现"井喷"现象。2008年取消"五一"黄金周后，"十一"黄金周的历年同比增长率高达23.9%，仍未超过2002年的36.2%。2009年与2011年"十一"黄金周同比增长率分别为12.4%、18.8%，也没有超过2006年的同比年增长率19.3%。可见国庆黄金周的游客增长率并不主要取决于"五一"黄金周的存废，游客同比增长率的起伏还有其他社会的、自然的因素。在带薪休假制度没有普遍实施的情况下，即便恢复"五一"黄金周，再增加几个三五天的短中假，或许可以稍微缓解国庆黄金周的拥堵度，但不能根本解决"黄金周"期间休闲/旅游严重供需失衡的状态。

我国1995年实行周末休假2天制,2007年12月颁布《职工带薪年休假条例》,在国民休假制度与国际相接轨方面走出了决定性的一步。目前实行的"黄金周"式的全民集中休假办法与国际上倡导的"错开休假日期"要求是背向而行的。一年之内几次一周以上的长假期导致政府机关中止政务、经贸金融市场停顿、工厂医院停止工作,其隐性的损失远大于"黄金周"的商业消费收益。推广带薪休假制度,建立完整意义上的惠民利国的国民休假制度,其社会意义远远超出了解决"黄金周"具体问题。把推广带薪休假制度归结为解决"黄金周"的存废,并为此而争论不休,是大题小做、只见树木不见森林。"黄金周"式的休假方式难以为继,国民休假制度顶层设计势在必行。

三、完善国民休假制度的路径

国民休假制度顶层设计应遵循以下基本原则:尊重人权,休假并非恩赐而是权利,把自主休闲权利还给国民;以人为本,休假安排必须人性化、科学化,有利于身心健康;科学理性,国民自主休假与企事业单位正常运转相统一,促进社会平稳、持续运行;人文精神,让国家、民族、文化节日从狂热的商业传销中解脱出来,回归其人文诉求。

完整的国民休假制度既要与国际惯例接轨,又要符合中国国情与传统文化,主要包括以下4个方面。

- 法定节日:坚持法定节日的国家、民族、人文与社会的内涵,不要被铺天盖地的商业营销边缘化、庸俗化。大陆的节日要与港澳台地区相通,与全球华人相融,形成全球华人共同的中华节日体系。

- 日常休闲:坚持8小时工作制这条底线,不要搞什么"白+黑"之类的"创新",职工加点要按《劳动法》付酬。

- 周末休假:坚持每周5天工作制这条底线,不要搞什么"5+2"之类的"创新",双休日加班要按《劳动法》加薪。

- 带薪年休假:坚持职工年带薪休假制度这条底线,不要用"国情特殊论"容忍违背《劳动法》的行为。通过全社会的努力加大实施力度、加快推广进程,确保实现《国民旅游休闲纲要》中提出的2020年全国基本实行带薪休假制。

(一)率先在一部分地区、企事业单位推行带薪休假制度

广东、山东、江苏等省已率先提出落实带薪休假制度,东部地区社会条件已基本成熟;在党政机关和国家事业单位全面推行带薪年休假制度,有些城市规定党政机关及事业单位建立休假台账制度,不休年假的人没有资格参加年终先进的评选。党政机关和

国家事业单位实行带薪休假制度关键是领导干部带头执行并与年度考核挂钩。国营、外资和品牌民营企业重点推行带薪休假制度。在民营经济高度发达的浙江,已有一些民营企业把"带薪休假"列入劳动合同,作为招徕人才、改善企业形象的一种措施。

（二）细化职工带薪休假的实施办法

对各类行业如何实施带薪休假制度的规定必须具体、周详、明确,具有可操作性。对不同行业、工种的合同工、临时工、计时工和弹性工作企业要研究具体的带薪休假办法。目前中小民营企业人员占城镇就业总人口的大多数,2亿多的农民工与流动就业人员,是实行带薪休假制度的难点。2013年10月清华大学中国城镇化调查报告显示：中国每1000人中,农业户籍人口724人,其中流动人口152人,占总流动人口的七成；非农户籍人口276人,其中流动人口65人。非农户籍人口流动率为23.7%,农业人口流动率为21%。今后5至10年是我国加速城镇化的时期,必须关注大量的城镇流动就业人口的休假问题。目前"十一"长假期间的客流拥堵与探亲人流和旅游人流相重叠有关。农民工与流动就业人员主要的休假要求是每年有1到2次的探亲假,强烈要求保留"黄金周"的主要也是这个群体,要切实关注他们的诉求,针对他们的实际状况制定可行的探亲休假实施办法,在时空上疏散与分流他们的探亲访友人潮与其他职工的休闲度假人潮。

（三）调整职工带薪休假天数

目前大陆地区职工工作满1年至不满10年的,年休假5天；已满10年不满20年的,年休假10天；已满20年的,年休假15天,明显偏少。台湾地区职工工作1至3年为7天,工作3至5年为10天,工作5至10年为14天,工作10年以后每年增加1天,最多30天。可参考台湾地区的做法,在适当时机增加与工龄相匹配的休假天数。

（四）法律强制与经济激励带薪休假并举

推广带薪休假制度的关键是依法采取强制性措施与激励性措施相结合的手段,从法律、制度等层面保护劳动者的休假权益。在《劳动合同法》中应增加关于职工带薪年休假的条款,在合同中列为与"五险一金"同样重要的内容,否则该合同视为无效和非法。各类工会组织和行业组织要把执行职工带薪年休假列为工作职责,督促本行业和本企业落实这一制度,维护职工的休假权益。

运用经济手段鼓励企事业单位实行全员带薪休假制度。劳动人事与工商部门采取具体措施倡导企事业单位的奖励旅游(对优秀员工)、福利旅游(对低收入群体与老人、残疾人等),企业可把奖励旅游、福利旅游支出列入其经营成本。

企事业单位设立职工(尤其是生活困难的职工)休闲、旅游补贴基金,并计入企业的营业成本。提倡有条件的地方倡导和鼓励开展社会福利休闲、旅游。对向弱势群体提供优惠的休闲、旅游服务的企事业单位进行补贴或减免营业税。

(五)增加传统的元宵节、重阳节假期

元宵节是中华民族的欢乐节,重阳节是中华民族的敬老节。我国香港、澳门地区都把重阳节列为法定节日。把这两个民族传统节日列为法定节日,形成华夏文化特色的传统节日系列,并加强这些节日的传统文化内涵与气氛。全年形成1月元旦、2月春节、4月清明、5月五一、6月端午、9月中秋、10月国庆与重阳等节日休假,基本覆盖全年,并与职工带薪休假自主组合,以减缓过分集中休假的状况,便于民众自主选择合适的休闲、旅游与探亲方式。

元旦、清明、五一、端午、中秋、重阳等节日如与周六、周日相连,或与周六、周日相重叠,自动形成3天连休;如不与周六、周日相连,则补休1天,不再挪用周末假日调休,以此形成制度。如企事业单位愿意挪假,由他们自定。五一节可调整为每年5月第一周的星期一,与前2天双休日相连接,形成3天小长假。

(六)错开大中小学校寒暑假时段

学校分散放假也是防止全民过于集中休假的一种选择。德国、法国、美国、加拿大和泰国等国实行错时放假或也由各校自定放假日期。《国民旅游休闲纲要》提出,"高等学校可结合实际调整寒、暑假时间,地方政府可以探索安排中小学放春假或秋假"。我国幅员辽阔、气温差异巨大,为了缓解寒暑假出游高潮,可借鉴法国、德国等国家各地区学校错开放假的做法,根据我国南中北部地区气候差异的情况,改变全国大中小学统一放寒暑假的做法。实行华南地区、中部黄河/长江沿线地区与三北(华北、东北、西北)3个区域先后错开一周放寒暑假,以缓解过分集中的寒暑假学生回家,方便家长利用带薪休假与子女在寒暑假一起休闲旅游。

(七)建议设立"国务院国民休闲协调办公室"

从2000年起建立的"假日办"对改进假日旅游做了许多工作,并积累了有益的经验,是对国民旅游休闲部际协调合作机制的重要探索。要全面贯彻《国民旅游休闲纲要》,推进国民休闲、落实带薪休假制度,目前的"假日办"已不适应国民休闲的新形势。建议"假日旅游部际协调办公室"改为"国务院国民休闲协调办公室",由一年数次的临时性协调会议改为常年性决策协调,工作重点从协调"黄金周"转向推进国民休闲、推行全员带薪休假制度,并由一位国务院副总理主持国民休假的决策性、政策性工作。

2013年10月中旬"假日办"通过多家网站进行的网民调查表明,7成的网民对挪假式的长假安排不满意,对3天连休假赞成与反对的比例为49∶45,对7天连休假赞成与反对的比例为45∶51,表明"黄金周"式集中旅游休闲安排,已经越来越不适应国民休闲日益增长的需求,尤其是不适应提升国民休闲旅游品质的需求。11月底的网络调查结果,赞成春节、国庆双长假的占5成多,占微弱多数,赞成取消国庆7天长假的占3成左右,表明对挪假式的长假方式已失去社会共识。与此同时,要求实行带薪休假制度是最大的共识。尽管目前有部分职工(主要是农民工和城镇流动就业人员)仍需要国庆"黄金周",甚至希望恢复五一"黄金周",但这是权宜之举,而推广带薪休假、建立国民休假制度乃是长远之策,这是提升国民旅游休闲品质的需要,也是推动休闲/旅游经济从数量型向数量质量相结合,从粗放式、规模型向集约与效益并重转型升级的需要。

探索和建立既符合中国国情、具有中国特色,又符合国际惯例、与主流的国际休闲惯例接轨的国民休假制度,应是全面建设小康社会的题中应有之义。把国民自主安排带薪年休假的权利还给国民,使国民自主享受休假权利与企事业单位正常活动相协调,错开休假时段、减缓集中休假,从而保障社会经济文化生活和国家内政外交活动全年候的正常运行,既是当务之急,也是建设和谐社会的长远之计。

【本文在写作过程中得到马惠娣教授的指导与帮助】

参考文献

[1]魏小安,张凌云.共同的声音·世界旅游宣言.世界旅游组织文件汇编[G].北京:旅游教育出版社,2003.

[2]黄巧灵.休闲时代·人类的伊甸园.北京:中国建筑工业出版社,2001.

[3]马惠娣.休闲:人类美丽的精神家园.北京:中国经济出版社,2004.

[4]马惠娣.走向人文关怀的休闲经.北京:中国经济出版社,2004.

[5]魏小安.中国休闲经济.北京:社会科学文献出版社,2005.

[6]黄兴斌.中国休闲度假旅游的必由之路:从"黄金周"到带薪休假.旅游学刊,2002(4).

[7]黄兴斌.国民休闲应成为国家行动谈国民休闲纲领中的6个关系[G].国家旅游局,2009.

[8]黄兴斌.带薪休假纵横谈[M]//旅坛忧思录·休闲篇.北京:旅游教育出版社,2013.

休闲视野下的城市文化规划进展

吴承忠[①] 田 昀[②]

【摘 要】城市文化规划的最终目的是为了满足人们的休闲需求和休闲体验。本文采用文献研究方法对已有研究成果进行梳理和比较、归纳分析,提炼文化规划的基本概念加以综述,对文化规划的概念、类型、流程、功能和基本方法进行阐述,并简要回顾国内外文化规划的历史。研究表明:国内文化规划发展相较国外仍处于初期,与国外基于广义文化的理解制定的整合措施及公共参与的政策导向相比还存在差距。

【关键词】文化规划 概念 综述

一、文化规划的概念

世界范围内文化领域的繁荣发展推动了针对文化资源和文化需求的规划方法的探索和建立。在过去的30年里,文化规划的兴趣在世界范围内增长(Porrello 2006;Curson et al. 2007)。自20世纪70年代开始,就已经有一群西方的城市规划者、设计者以及艺术人员开始尝试对"文化规划"的定义及涵盖内容进行界定,例如《街道生活方案》(Street Life Project)的作者 William H. Whyte,《适宜居住之处不可缺少的搭档》(Partners for Livable Places)的作者 Roberr H. McNulty 与 Dorothy Jacobson 等[1]。"文化规划"的正式提法见于1979年的出版物,当时经济学家和城市规划者 Harvey Perloff 在《用艺术提升城市生活》一文中将其作为一种方法推荐给社区建设,以达到社区文化认同和社区文化资源运用的双重社会目的[2]。其方法一方面来源于19世纪开始的适宜性规划(amenity planning),世纪之交的城市美化运动,另一方面则源自西方国家20世纪30年代劳动发展管理部门所进行的对文化工作岗位的开拓计划,以及40年代社区

[①] 吴承忠(1971—),男,湖北武汉人,对外经济贸易大学文化与休闲产业研究中心主任,公共管理学院副教授,硕士研究生导师,研究方向为文化与休闲产业管理。
[②] 田昀(1990—),女,江西萍乡人,对外经济贸易大学文化与休闲产业研究中心硕士研究生,研究方向为文化与休闲产业管理、区域经济。

艺术运动的先驱活动。事实上，由于"文化"本身的复杂，文化规划本身规划范围的界定也是仁者见仁，智者见智的。尽管出现了越来越多的思想交流，文化规划在不同国家的形式与结构各不相同（Stevenson 2004；Sirayi 2008；Markusen and Gadwa 2010）。

以下是该领域的一些权威性研究机构和研究学者对文化规划的定义：

表1 文化规划界定总结

对文化规划的界定	代表学者
1. 一种文化发展的政策过程	Grodach 2010；Goldbard 2006；Rosenstein 2009；Grodach and Loukaitou – Sideris 2007；Adams and Goldbard 2001；Sonn, Neil, and Kasat 2002
2. 强调文化规划不是"文化的规划（planning of culture）"，而是城市规划中的一种文化方法，强调规划的视角不局限于物理方面	Ghilardi and Bianchini 1997；Gray 2006；Stevenson 2004；Ghilardi 2001；Landry and Bianchini 1995；McNulty 1991；Mercer 2006
3. 社区发展的一种工具，作为一种发展行动计划，使用艺术和文化来解决社区的社会和经济需求	Dreeszen 1997；Borrup 2006；Evans 2001

1. 一种文化发展的政策过程

英国De Montfort大学国际文化规划和文化政策研究室认为，文化规划是城市和社区发展中对文化资源战略性以及整体性的运用[3]。

这是一个广泛被认可的定义，它包含两层含义：其一为战略性，指文化规划是城市和社区战略性发展中不可缺少的一部分，它不仅仅同物质环境的规划相联系，同时也同经济与产业发展目标、社会公正、娱乐休闲规划、住宅和公共领域相联系。为达成长期的发展目标，众多的团体要进行广泛而深入的协商和合作，并且制定不同时间阶段的目标以分期实现。其二为整体性，指文化规划是各种规划中一个不可分割的部分，它是对于城市生活的整体安排，因而它应当从开始就介入城市或社区的规划，与其他领域的规划密切合作以促进城市的整体发展。

2. 城市规划中的一种文化方法

英国文化策略研究机构Comedia的负责人Charles Landry认为，文化规划是一种基于文化资源的确认项目，制定规划和管理实施策略的过程，并不倾向于是"对文化的规划"——这是一种不可能、不合时宜也是危险的任务——而是城市规划和城市政策的一种文化途径[4]。文化规划作为战略方法得到推广，直接或间接地，从传统艺术到流行文化，与当地政府在文化习俗和形式的规划中产生广泛交集（Landry 2000）。

3.社区发展的一种工具

美国学者 Craig Dreeszen 提出,文化规划是结构性的、社区层面上基于调查研究和集体意识建构的过程;确定文化资源、社区需求和发展机会;规划行动和保护相应的资源以对上述需求和机会做出回应。文化规划通过动员人力、财力和其他资源来解决社区的发展问题[5]。英国学者 Graeme Evans 指出:文化规划一方面是城市规划设计的艺术,是城市文化艺术表述的整体性;另一方面也是城市和社区发展中对文化资源战略性以及整体性的运用[6]。"文化规划……被界定为处理社会、经济、城市、环境、创意问题,因为这些领域都是'文化'的一方面"(2001年)。"

从上述学者对文化规划的定义可以看出,文化规划中的"文化"不仅仅局限在最狭义的定义上——将文化作为艺术,针对的目标是城市的文化资源。在一系列有影响力的发展宣言中,对文化规划的期待要远远超过当地聚焦的艺术政策(Ghilardi 2001;Landry and Bianchini 1995;McNulty 1991)。相对来说,文化规划涉及对生活群体或"社区"文化的理解。

据文献总结,文化规划是一种识别并培育当地仪式、信仰、日常活动和重点的协调的方式。这是一种培养创造力和差异、阐明社区核心价值和地方认同的战略(Landry 2000;Greenhalgh 1998)。采用对文化广泛的(人类学)理解的理由,可以在有影响力的文化规划著作中找到答案,尤其是英国和澳大利亚。一些关键著作,如《创意城市》(Landry and Bianchini, 1995),《城市中心,城市文化:城镇和城市复兴中艺术的作用》(Bianchini et al. 1988),《星期六晚上或星期天早晨?从艺术到产业,新形式的文化政策》(Mulgan and Worpole 1986),以及《文化规划手册》(Grogan, Mercer, and Engwicht 1995),都坚持认为需要着眼于广义上对文化的理解。

此外,一些研究批判性地分析了文化规划的做法。澳大利亚、英国和加拿大的主要批判是,尽管文化规划应就文化进行广泛的人类学定义,多数的规划是艺术带动的,是一种变相地艺术政策传播(Kovacs 2011;Stevenson 2005)。在美国,主要的批判观点略有不同,聚焦于这些政策在解决社会问题上的缺陷和延续的霸权观点(Zukin 1989;Zukin, Merrifield, and Swyngedouw 1997)。

二、文化规划的类型与流程

1.按空间层次分

(1)社区层面:关注社区成员参与规划制定和规划执行过程,唤起"社区共同体"意识,培育社区的自主能力,促进地方文化团体与社区组织合作。通过对整体文化空间及重要公共设施的整合、举办文化活动等,提升社区生活品质、美化空间,进而增进社区活力,塑造社区的文化特色。

(2)区域层面:分析不同城市与地区之间的文化优势与发展潜力的基础,通过整合区域内的文化资源实现分工协作,通过文化资源的有效布局促进区域的整体联合发展,增强区域竞争力和文化影响力。

(3)城市层面:城市范围是文化规划运用最为广泛的领域。在城市层次上的文化规划,一方面关注文化因素对城市竞争力和经济发展的作用,对文化产业链(区)、文化旅游、文化活动等空间硬环境和软环境的建设;另一方面关注文化福利对居民生活质量的提升以及社会凝聚力的形成,关注公共艺术、文化设施分布、交通体系等。

2. 按规划内容分

(1)专项文化规划

依据规划内容的不同,文化规划可分为如下的一些专项规划:

①历史文化保护规划:针对城市历史文化资源的保护,力求尽可能保护城市历史文化资源,处理其与城市建设间的关系,使历史文化名城在保护中得以持续发展。

②文化及创意产业规划:针对产业的重点发展领域、发展目标、发展策略、实施措施以及扶持政策制定。

③文化设施规划:针对公益性的文化设施的发展规划,文化设施的数量、人均占有量、种类、规模、选址布局以及使用评估、资金支持等是此类规划关注的重点。

④文化地区规划:针对文化设施集中或文化及创意产业集聚的地区。城市层面的规划通常考虑城市范围内文化地区的体系建立,包括生产场地、交通组织、配送与销售等方面的考虑;而文化地区本身的规划设计则更多考虑地区内文化生产与文化消费的空间组织模式,包括空间适宜性、新建文化设施同原有历史文化资源之间的关系、公共交通与步行交通流线、服务设施的接待能力等方面的规划设计。

⑤文化活动规划:针对城市或社区层面的文化活动开展,关注文化活动的主题定位、组织方式、举办时间、参与对象等。

⑥教育培训规划:面对特定人群教育培训活动的规划,如职业技能培训、艺术课程培训、社区居民培训,等等。

(2)综合文化规划

综合性的文化规划通常涵盖上述专项性规划的大多数内容,形成一个城市或地区完整的文化发展规划[7]。

3．文化规划的流程

文化规划所采用的规划流程，与城市规划接近，是一种动态的规划过程[8]。

表2　文化规划的流程总结

步骤1：前期准备	1．确定是否需要进行文化规划
	2．确定文化规划的领导管理机构
	3．召集与文化规划相关的领导者讨论文化规划的内容、方法、费用、利益和可行性
	4．邀请与文化规划相关的其他公共部门、私人机构参与，并就将要发展的内容进行探讨
	5．制订详细的工作计划
步骤2：现状评估	1．收集文化规划发展所需要的信息（如人口调查、学校资料、对娱乐设施或历史保护的研究、经济发展报告、社会服务调查和其他一些计划）
	2．通过不同的方式了解地区的文化需求，例如通过会晤不同的团体、公众会议、调查（调查目标客户，例如艺术家或艺术主办者，或者是一些具有典型代表性的公众）等
	3．对已有的信息分类，并对现有的发展状况进行定性、定量的分析
	4．形成对规划中需要解决的关键问题的评估报告
步骤3：制定目标	1．针对关键事务组织任务小组，评估解决问题的相关途径
	2．对规划草案举行公众听证会，并在相关部门、社区组织、私人机构中传阅草案以听取意见
	3．在广泛协商的基础上确定最终发展目标，并确定主要负责机构、规划时间期限以及资金来源
	4．制定最终的规划和实施步骤的安排
	5．在规划通过的情况下公布文化规划
步骤4：规划实施	1．将文化规划提交相关部门，例如城市政府中的规划部门、教育机构、相关的文化机构以获采纳
	2．将规划方案提交给涉及的市民组织和文化组织，鼓励每一个组织制订自己的发展计划以参与到整个文化规划的执行中
步骤5：监督反馈	1．领导机构负责视察和监督规划的实施
	2．定期在更大范围内对规划的实施进行评估，根据各方意见对规划进行修正和调整
	3．在总体规划实施的基础上，发展一些单项规划，例如文化设施规划、文化旅游规划、文化教育规划等

三、文化规划的功能

1. 促进文化资源的挖掘与开发

城市的文化资本是城市长期积累起来的生活方式、空间特征、人文精神的汇集,如历史建筑、艺术瑰宝、城市的建筑特色和空间布局等。在日趋激烈的城市竞争和城市营销中,城市文化资本同城市的经济发展一样,都是城市的财富之源。由城市文化特色和城市形象构成的城市文化资本,是城市在激烈的全球竞争中进行城市营销的资本,是有形和无形资产的有机结合,也是转化为城市经济资本的重要财富。文化规划有助于在战略上、空间上充分将文化作为城市发展的资源,提高城市的文化影响力。

2. 促进老城区复兴

城市规划已日益与文化规划交织,成为振兴城市内城和老工业区战略的一部分[9]。在过去的10~15年,使用如"文化规划"、"文化项目"和"城市规划"的概念振兴城市(尤其是城市内城)、老工业地区和海滨地区在欧洲、美国和澳大利亚成为了一个新趋势。这些概念旨在培育发展"创意城市"(Landry 2000;Bianchini and Landry 1995),带来"文化复兴",吸引"创意阶层"(Florida 2002)。不同的发展策略应用广泛意义上的文化,将文化同交通基础设施、现代化住宅、工业建筑和购物中心等结合。在欧洲,使用这样的概念最明显的城市包括格拉斯哥、纽卡斯尔、巴塞罗那和毕尔巴鄂。

这些发展战略很有趣,因为它们专注于更广义上城市和区域的发展规划中,文化与诸多重要因素的互动,其中艺术和文化是城市振兴与发展不可分割的组成部分。格拉斯哥和毕尔巴鄂都有意在城市发展中使用艺术和文化,这是两个欧洲最雄心勃勃的和杰出的城市,也都经历了工业化衰退的过程和随后的失业问题。作为欧洲周边的衰退的工业中心,他们分享共同的过去和一个非常类似的方法来改善他们目前的状况。尽管在经济表现方面,格拉斯哥的现实并不像它被描绘的那样有潜力。不可否认,格拉斯哥的内城和城外的形象已被彻底重建。

学界对格拉斯哥的中心区物质复兴的成功政策有一致的看法。Throsby(2001)指出,"如果增强一个城市的文化环境可以导致更强的社会凝聚力和城市自豪感、降低犯罪率、提高经济活力等,也可能对真正的经济潜力产生长期的外部性。这些因素在改善城市形象,使城市成为一个资本迁入和建立新业务的理想地点中可能都很重要。"尽管如此,如上所述,这些影响难以得到验证和跟踪。Stern(1999)发现,即使对其他决定因素进行统计控制,文化艺术团体在社区复兴上存在重要的独立影响:"比起少有艺术团体的社区,有许多文化艺术团体的街区振兴的概率可能超过两倍。"

但需要注意的是,对这些努力和战略的结果,包括这方面文化的重要性检验还不足。在期刊《国际文化政策》(International Journal of Cultural Policy)的专刊中,Gibson和Stevenson(2004)就"城市空间及文化用途"的主题写道:"最令人关注的是缺乏对文化规划在文化、经济、政治和社会方面的短期和长期影响的严密研究。有什么证据证明,这些重建和振兴战略引发的大规模公共开支能够实际产生符合公众利益的成果?"他们总结道:"这个问题表明,规划方案的文化、经济、社会和政治影响是复杂而多重的,这显然不是'加上文化和搅拌'这样简单。"

四、文化规划的基本方法

1. 文化标绘(cultural mapping)

在文化规划的前期调查研究中,常采用的方法是文化标绘(cultural mapping),这是一个确认和绘制当地文化资源的过程,为社区或城市制定文化保护、旅游规划、经济发展策略、文化产业发展计划以及文化设施建设提供基础。文化资源的确定通常是通过设计者与当地居民沟通完成的,澳大利亚学者 Grogan 和 Mercer 将文化标绘看作是"一种了解居民如何体验场所和文化的方法"[10]。文化标绘的主要方法是"文化评估"(cultural assessment),包括人口构成资料以及通过调查、会晤了解社区状况、核心团体、种族构成、旅游与休闲活动的状况、与艺术相关的组织和商业活动,等等。澳大利亚关于文化规划的社区文化评估方法将对当地资源的调查、标绘和咨询结合到一起[11]:

(1)运用人口统计资料确认当地人口构成的相关特征;

(2)调查人口中不同族群之间的文化需求和社会需求;

(3)将当地的文化资源分类并绘制在图纸上,例如文化设施、文化活动、人口、组织、有意义的地段和景观、先前的文化项目、社区活动和社区服务、经济活动和信息;

(4)对确认为新的或增加的文化资源进行的规划;

(5)考虑地区内不同文化资源之间的联系;

(6)确认造成不同团体不能参加文化活动的原因所在;

(7)确认在当地文化发展中真正的或是潜在的主导力量和合作伙伴;

(8)审视社区文化活动的优势和劣势;

(9)评估已有的文化设施和对新文化设施的需求;

(10)评估已有文化项目的结果和适宜性;

(11)考虑文化发展和其他领域活动之间的关系(例如旅游、就业等);

(12)文化评估需要不同利益团体的广泛参与。

文化标绘的重要特征之一是其过程的动态性和循环性,通过对文化资源的咨询、调查过程,使设计者和社区的居民对当地的文化资源有进一步的认识,为今后发展提供参考。

美国学者 Eleonora Redaelli 在《使用 GIS 达到真实参与——美国的文化规划》一文中,利用 GIS(Geographical Information System 地理信息系统)将当地的文化资产(cultural assets)地理密度,同人口数量、种族和平均年龄及平均家庭收入共同统计,并分析出文化资产与其他要素的联系及未来发展的政策建议,其中文化资产被定义为参与文化产品和服务的生产和消费的组织,亦为文化资源的一部分。通过运用GIS,当地政府可以有效地搜集文化信息、整理社区数据,对文化资源进行统计、分析和整合规划。

2. 公众参与

由外来机构或研究者完全控制开发建设过程的方法在实践中并不能贴切反映居民的需求,在实施过程中难免会形成目标和结果之间的差距。从 20 世纪 80 年代开始,由居民参与到所在社区的开发建设决策中,由当地居民收集、处理有关自身居住条件和环境的新方法开始逐步形成。

参与式方法的核心观念之一是"参与",强调发展主体参与决策过程。在文化规划中参与的手段和方法包括居民参与地图的绘制、社区成员收集社会经济数据、集体确定资源(包括对资源的获取、管理和控制等)、对发展趋势进行分析等等。参与式方法的另一个核心观念是"赋权"。主体对决策过程的参与具有不同的层次,可以是被动的参与,仅仅简单的被告知将要进行什么,也可以是自我动员,社区的居民一起工作以共同形成和实施自己的意愿,而不取决于外来机构。从 Sherry Arnstein 的《市民参与阶梯》(A Ladder of Citizen Participation)[12]中所描述的来看,参与式方法是强调实质性的参与,即是参与团体享有部分决策的权力。

Jackson(2001)阐述了采用和实践参与途径的动机,她将这些以公众参与为目标的动机按层次排序,认为吸引公众参与的五个目标分别是:告知,公共教育,测试反应,寻求建议及共享决策制定。公众参与对象是告知者、受影响的群体、决策制定者、执行者和广大公众,参与机制是众多利益相关者论坛的面对面讨论、公共会议、公民投票、观点调查、焦点群体、民意调查、市民抽样及裁判等。但这种公开参与也存在局限。典型的专家——市民关系中,专家既是行政管理者也是社会科学家,这成为双向沟通的阻碍。这种困境的解决办法,一是对公众进行专业决策制定的教育,二是公开经验数据。

3. SWOT 分析

随着城市本身所具有的企业化特征,SWOT 分析也开始运用在城市竞争力的分析上。文化规划作为提高城市竞争力的有效工具,也出现了对 SWOT 分析方法的运用。通过对文化发展的优势、面临的挑战及发展机遇、关键事务的分析,制定应对策略。例如毕尔巴鄂市从 1992 年开始制定战略性规划采用了 SWOT 的分析方法,将城市复兴的重点置于经济发展和旗舰项目的建设。此外,新加坡的"复兴城市计划"以及英国核心城市群所作的文化发展策略中同样也使用了 SWOT 方法分析城市文化发展中的优劣势[13]。

五、国内外文化规划简要回顾

1. 英国的文化规划

在历经 1981~1983 年的经济衰退后,英国在各个方面开始寻求解决城市经济问题的新方法,文化艺术作为促进经济发展的手段之一受到越来越多的关注。

1988 年,英国艺术委员会出版了《英国成功经历》(A Great British Success Story),建议对文化艺术进行投资;同年,关于艺术和城市更新的 4 个重要会议在英国召开。1989 年艺术委员会发表了一份重要的文件《城市复兴:艺术在内城更新中的作用》(An Urban Renaissance:the Role of the Arts in Inner City Regeneration),这份报告的论述中,艺术委员会指出了文化艺术在城市复兴中的重要作用:"文化艺术是巩固经济增长与发展的整个文化、环境、娱乐设施中的必要部分,它们激发旅游业及由此创造的就业机会。更重要的是,它们能成为地区全面复兴的主要促进因素。它们为社会群体的自豪感和认同提供了焦点"[14]。

在英国,以文化艺术为主导的城市复兴以 20 世纪 80 年代早期伦敦道克兰码头和利物浦码头的再发展计划为标志。这两个项目均是以历史文化环境的保护和文化设施的建设相结合的发展模式,具有鲜明的文化特色。到 1988 年利物浦的 Alert Dock 成为了英国第三大旅游目的地,文化在城市的物质更新与经济更新中的作用显现出来;文化政策的推动使得城市更新与文化艺术开始更加紧密地联系起来。此后,英国的一系列城市,如格拉斯哥、曼彻斯特和伯明翰开始制定文化发展策略;一些城市相继成立了自己的文化产业地区,例如谢菲尔德的文化产业区(Cultural Industries Quarter)、伯明翰的媒体地区(Birmingham's Media Zone)和加的夫的艺术综合体地区(Cardiff's Chapter Arts Complex)等。在英国众多文化引导的城市复兴实践中,伯明翰布林德利地区、利物浦码头和谢菲尔德文化产业区被视为以文化政策进行城市复兴的先行者。

2. 美国的文化规划

在美国,文化规划的一个重要目标是根据当地居民的需求和愿景,通过公众参与创造出一种地方认同[15]。文化规划将文化与经济和社会生活相联系,采用领土聚焦,以"场所营造(place-making)"为目的(Ghilardi 2001;Dreeszen 1997)。地方政府开发出参与性规划过程,使社区居民参与设计社区未来的发展方向(Dreeszen 1997;Goldbard 2006)。地方政府关于文化问题上的努力开始于当地机构的创建。"这些组织通常被称为当地的艺术机构,通过支持增加艺术和文化资源,注重更具反馈性的使用方式,应对发展更宜居社区所面对的挑战"(Yuen 1990,1)。

二战后不久,第一批当地艺术机构建立,通过战略计划指导他们的使命。美国文化规划在20世纪80年代才出现,到新千年开始的时候,22%的当地艺术机构都进行了文化规划(Americans for the Arts 2005)。

文化规划与组织的战略规划不同,主要是因为它的目的是影响更广泛的社区,而不只是影响一个孤立的组织。因此,它涉及吸引生活在特定地方或社区的居民参与,是一个公共过程(Dreeszen 1997)。在一项对31个州的文化规划研究中,琼斯(Jones 1993)观察到,广泛的公众参与是最普遍的线索之一。具体存在一些不同的步骤吸引公众参与:任命一个具有广泛基础的指导委员会、做调查、焦点小组、召开公共会议、为联系上较少参与的选区作特殊努力。

重视社区居民的公众参与表明,文化规划的一个重要目标是在当地居民的需求和愿景基础上创建一个规划。有趣的是,尽管文化规划的结构不同,公共参与在全球现有的政策工具中具有核心地位(Stevens 1987a;Curson et al. 2007;NSW Ministry for the Arts 2004)。

3. 澳大利亚的文化规划

国际发展趋势和文化规划文献在许多方式上重塑了文化规划在澳大利亚的定位、发展和普及[16]。同样的影响还表现在全球"专家"网络对澳大利亚地方政府和艺术团体积极推动文化规划的影响力。澳大利亚文化规划的发展路径揭示了一些澳大利亚和英国,以及在较小程度上,和美国及加拿大之间的奇妙联系。因此,很多澳大利亚的文化规划是高度衍生的,不只是在其范围方面,也表现在发布的公告上（Stevenson 1998b）。

例如,在2003年,Charles Landry和John Montgomery这两名来自英国的顾问和国际上文化规划研究的领先者,在澳大利亚就当地的文化政策倡导"创意城市"的做法。南澳大利亚阿德莱德市任命Landry为2003年"居民思想家"。在他任职期间,他举办了一系列主题为"创意城市"的公开讲座,详细讨论了如何帮助阿德莱德"释放它的创造潜能"和"通过创造性实现社会和经济进步的重要性"（http://www.thinkers.sa.gov.au）。尽管一些对澳大利亚的城镇、城市和文化并不熟知的文化规划专家与他们产生的影响力不成比例,他们的开创性的角色促进了澳大利亚文化规划的形成。

至20世纪80年代末,澳大利亚临时和正式的文化规划措施靠向了英国和美国的规划途径（Greenhalgh 1998；McNulty et al. 1986）。虽然采取的形式和政治环境不同,这两种途径都极大程度上塑造了澳大利亚文化规划的发展（Culture and Policy 1992；Stevenson 2004）。20世纪80年代末,澳大利亚市政发起了"创意城市会议"和类似会议,并以邀请海外文化规划者担任专家为特色。那种通过文化规划使文化进入政府进程中心的思想,首先影响的是联邦和各州的艺术组织和管理者,其次是地方政府。同时,跟随英国和美国的经验,文化规划的范围非常广泛,这些举措包括内城的"欧化"、发展文化区以及促进当地文化和地区认同。规划也被看作是促进广泛的利益相关者公平参与的一种手段。通过与其他政策,如公共交通、道路、路灯和城市安全（Bianchini et al. 1988，10）整合以实现广泛的社会目标,并大大改善城市居住的生活"质量"。换而言之,澳大利亚的文化规划,通过建立人类学基础上的文化理解,即将文化作为整个社区生活的方式,从根本上成为一种解决一系列文化、经济、社会和城市发展问题的创新方式。

4. 中国的文化规划

文化规划在中国的实施从20世纪80年代开始,最初主要以文化事业发展规划的形式出现,关注的重点在于城市公益性的文化设施的建设。随着改革开放和社会经济的发展,文化领域的经济潜力开始日益体现出其重要性。自20世纪的90年代中后期开始,偏重经济性的文化产业规划和文化事业文化产业并重发展的综合性城市文化发展策略越来越普遍地被城市政府采用,特别是自21世纪初以来创意产业的兴起更是使得对于文化资源的积极利用被纳入到中国城市的发展视野之中。

文化规划作为针对文化资源的系统运用和规划管理方法,从其兴起到发展至今,在不同的国家和地区有着不同的关注重点,同时社会经济环境的变迁也使得其体系、方法和内容处在不断的发展变化之中。对于中国城市而言,文化规划还是一个新兴的领域,距离其方法体系的完善还有相当的差距。并且,文化规划制定过程中对文化资源的规划需要采用更为广阔的视角,突破部门管理的局限,同城市规划更加紧密的结合,以达到促进城市整体发展的目的。

参考文献

[1]黄鹤.文化规划——基于文化资源的城市整体发展策略[M].北京:中国建筑工业出版社,2010.

[2]Perloff, Harvey S. Using the Arts to Improve Life in the City[J]. Journal of Cultural Economics, 1979(3):1-21.

[3]DMU. Course Prospectus for MA in European Cultural Planning Leicester[D]. De Montfort University, 1995.

[4]C. Landry. The Creative City: A Toolkit for Urban Innovator[M]. London: Earthscan, 2000:173.

[5]Craig Dreeszen. Reimaging Community: Community Arts and Cultural Planning in America[D]. University of Massachusetts,1994.

[6]Graeme Evans. Cultural Planning: An Urban Renaissance. London and New York: Routledge,2001:7.

[7]黄鹤.文化规划——基于文化资源的城市整体发展策略.北京:中国建筑工业出版社,2010.

[8]Trine Bille, Günther G. Schulze. Culture in Urban and Regional Development[J]. Handbook of the Economics of Art and Culture,2006.

[9]Grogan D., C Mercer. The Cultural Planning Handbook[M]. Sydney: Allen and Unwin, 1995:74.

[10]Guppy M. Better Places Richer Communities[M]. Sydney: Australia Council, 1997: 14-15.

[11]Sherry R Arnstein. A Ladder of Citizen Participation. Classic Reading in Urban Planning. MeGraw—Hill, INC, 1995: 360.

[12]Art Council. An Urban Renaissance: The Role of the Arts in Inner City Regenera-

tion,1989:2.

[13] Cultural Planning in the United States: Toward Authentic Participation Using GIS. Eleonora Redaelli[J]. Urban Affairs Review,2012,5.

[14] Cultural Planning in Australia: Texts and Contexts. Deborah Stevenson.

公共休闲服务供给与制度设计

——西方的经验与中国的现状

程遂营 彭璐璐[①]

（河南大学 旅游管理系，河南 开封 475001）

【摘 要】 随着我国经济社会发展与城市化进程的加快，公共休闲服务供给与制度设计的重要性越来越凸显。从世界范围来看，西方发达国家公共休闲服务的理论与实践都先于我国，已经形成较为完整的公共休闲服务供给体系。在西方发达国家中，又以英、美公共休闲服务的供给方式与制度设计相对比较完善，因而具有代表性。就我国公共休闲供给现状而言，在政策法规、机构设置、供给状况、非营利组织等几个方面都有了相应的进展，但与英、美等西方发达国家相比还具有相当大的差距，以河南开封为例的实证研究也说明了我国公共休闲供给的这种现状。如何对我国公共休闲服务供给方式及其制度进行合理化设计将是一个紧迫而又重要的课题。

【关键词】 公共休闲服务 需求 供给 制度

1. 研究背景

在西方，休闲最初是用于解决由工业化、城镇化带来的一系列社会问题而受到关注的。而在漫长的发展历程中，休闲及其相关产业的发展也确实为解决青少年犯罪、失业等社会问题提供了极大帮助，并在提高国民生活幸福感，促进社会和谐方面发挥了巨大作用。以英美为代表的西方发达国家，从工业革命至今，已经形成较为完整的公共休闲服务体系。在我国，随着经济持续发展与国民休闲意识增强，休闲需求也越来越旺盛，

---

① 作者简介：程遂营，河南大学历史文化学院旅游管理系教授、博士生导师。（E - mail）chengsy1965@126.com；彭璐璐，河南大学历史文化学院旅游管理系2011级硕士研究生。
本研究为国家社会科学基金项目"我国城镇公共休闲服务供给方式及基本公共休闲服务均等化研究（13BGL095）"的阶段性成果。

公共休闲供给明显不足的问题也逐渐凸显出来,公共休闲服务供给与制度设计的重要性也成为国民的共识。基于此,本文首先在理论回顾的基础上构建了公共休闲服务供给的框架;接着,以英、美为例,对西方公共休闲服务的供给方式与制度分别作了简要梳理。然后,从政策法规、机构设置、供给状况、非营利组织四个方面分析了我国公共休闲供给的概况,并以开封市为实证研究区域,分析了其公共休闲服务的供求现状。在此基础上,对今后我国公共休闲服务供给与制度设计提出了相应对策与建议。

2. 理论回顾

2.1 国内外研究现状

欧美国家的一些学者对公共休闲供给理论的研究从19世纪晚期开始,经过100多年的学术积累,研究成果已比较丰富,研究区域主要集中在北美、西欧和澳洲。首先是对以政府为主的公共休闲服务供给方式的研究,如杜勒斯(Dullers,1965)、凯普兰(Kaplan,1975)、克罗兹(Cross,1990)等对美国、加拿大的研究,波拉汉姆(Bramham et al,1993)、波塞(Borsay,2002)、罗伯特(Roberts,2004)等对英、法等国的研究,以及维尔(Veal,1994,2002)等对澳洲的研究。其次,随着西方国家城镇化进程的加快、对公共休闲服务需求的快速增长以及公共休闲服务供给多元化局面的出现,西方学者开始探讨政府之外市场化和社会化公共休闲服务供给方式诸方面的问题:尤其以美国、加拿大学者(Cranz,1987;Yule,1997;Shivers & Lee,1997;Freysinger & Kelly,2004;Crompton,2008等)的成果突出,学者大多主张在充分发挥政府职能的前提下,更多地依靠市场和社会力量来解决公共休闲服务的供给问题,戈比(Godbey,1994,2006)、杰克逊(Jackson,1999)、柯罗斯(Kraus,2000)等学者还对21世纪中期公共休闲服务供给方式的发展变化趋势进行了预测。

我国学者对休闲相关领域的研究起步于20世纪80年代,至今仅有三十多年的历史,学者们从哲学、社会学、管理学、经济学、人类学等不用学科视角对休闲相关问题进行了广泛研究,而在休闲经济领域的研究主要集中在休闲消费和休闲服务需求的角度,对休闲供给尤其是公共休闲服务供给的研究则不多。总的来说,我国关于公共休闲服务供给的研究主要集中在以下方面:一是范钰娟(2008)、华春媛(2011)、伍先福(2013)等学者以政府为视角,探讨政府在公共休闲供给中的角色、休闲政策的制定等[1-3];二是宋瑞(2006)、可妍(2006)、吴承忠(2008)、盛小芳(2013)等学者基于对国外休闲服务的介绍与探讨的研究或中外比较研究[4-7];三是由马惠娣主持、众多学者参与的

(2000,2009)[8-11],以及梁春媚(2010)、张梦(2010)、李天元、徐虹(2010)、田里、董建新、曾萍等(2010)等对西方相关研究的译著[12-15];四是卿前龙(2005)、王泽和(2006)、王婉飞(2009)、吕宁(2010)、郝赪(2011)等学者在相关研究中对公共休闲服务供给的一些基本理论问题的探讨[16-20];五是朱群英(2008)、朱寒笑、苗大培(2008)、王波、胡伟涛(2012)、苏晓梦、王华(2012)、黄丽娜(2013)等学者基于老年人、体育、城市公园、教育等视角的休闲服务供给的研究[21-25]。

2.2 相关概念

2.2.1 公共服务

"公共服务"一词由来已久。1912年,公共服务理论的创立者莱昂·狄骥从公法的角度将其定义为"任何因其与社会团结的实现与促进不可分割、而必须由政府来加以规范和控制的活动,就是一项公共服务,只要它具有除非通过政府干预,否则便不能得到保障的特征"[26]。我国学者对公共服务及其相关理论的探究成果丰硕,但迄今为止对公共服务的概念仍没有形成统一的认识,一些学者试图从其含义、内涵、判断标准等方面对"公共服务"一词进行界定:马庆钰(2005)提出公共服务主要是指由法律授权的政府和非政府公共组织以及有关工商企业在纯粹公共物品、混合性公共物品以及特殊私人物品的生产和供给中所承担的职责,其范围是政府在纯粹公共物品,混合性公共物品,以及带有生产的弱竞争性和消费的弱选择性私人物品方面的生产与供给[27];靳永翥(2007)认为公共服务就是指政府及其公共部门运用公共权力,通过多种机制和方式的灵活运用,以回应社会公众差异性需求的活动过程[28];杨颖(2011)梳理了国内外学界关于公共服务概念的各种观点并提出,公共服务是由中央或地方政府为满足公共需求,通过使用公共权力和公共资源,向全国或辖区内全体公民或某一类公民直接或间接平等供给的物品和服务,供给公共服务是政府职能的重要组成部分[29]。

2.2.2 公共休闲服务

Torkildsen George(乔治·托可尔岑)认为休闲服务由自给性休闲服务、公共性休闲服务、商业性休闲服务三部分组成,其中公共性休闲服务即依赖政府公共部门提供的非营利性休闲服务,如博物馆、美术馆、科技馆、公园、图书馆、活动中心等提供的服务[15]。目前国内并没有专门针对公共休闲服务概念的研究,只有极少数学者在公共休闲的相关研究中对其进行了简单界定,如华春媛(2011)提出公共休闲服务是政府及其行政管理部门向社会提供的、不以营利为目的的各项休闲类服务,并且具有使用上的非竞争性和受益上的非排他性[2];郝赪(2011)提出狭义的城市公共休闲服务是指与公众直接接触的公共机构或部门为公众提供的休闲服务,即直接面向公众的休闲服务,如博物馆、展览馆的展示、讲解服务等,而广义的城市公共休闲服务是指由城市政府主导或组织的为满足公众的休闲生活需要而进行的一系列活动,包括公共休闲环境营造、公共休闲空间建设、公共休闲设施完善、各类休闲教育开展、直接面向公众的休闲服务等诸多内容[20]。

根据公共服务及休闲相关理论,本文认为,公共休闲服务是指以政府部门为主对国民休闲活动提供的各种服务的总称;其目的是尽可能多地让人们公平地享受到应有的休闲服务,是消费的最大化而非营利性;其服务提供者可以是政府公共部门,也可以是政府授权的商业部门或非营利组织;服务的对象可以是全国或全辖区的全体公民,也可以是某类特定群体(如弱势群体);服务的内容既包括各种直接或间接面向公众休闲所需的有形或无形服务,如休闲环境、休闲设施、休闲空间、休闲教育等,还应包括相应的法律与政策保证,如必要的休假制度保证公民的休闲时间,对各类休闲商业部门的法律监管以保证休闲服务市场的公平和运作效率。

2.2.3 公共休闲服务需求

根据马斯洛需求层次理论(Maslow's hierarchy of needs),可以将人的需求由低到高划分为五个层次,即生理需求、安全需求、爱与归属的需求、尊重的需求、自我实现的需求。一般来说,只有在低层次的需求得到满足之后,才会产生更高层次的需求。杰弗瑞·戈比(1994)在《你生命中的休闲》中提出:"休闲是从文化和物质环境的外在压力下解脱出来的一种相对自由的生活,它使个体能以自己所喜爱的,本能地感到有价值的方式,在内心之爱的驱动下行动,并为信仰提供一个基础[8]。"由此可知,休闲需求应是在满足较低层次的需求之后产生的,何建民(2008)认为休闲需求是指人们对在休闲时间里所参与的使自己身心得到放松、愉悦的休闲活动的需求,包括对家庭里的休闲活动的需求,对在户外的休闲活动的需求和对离开自己居住地一定时间与距离的旅游休闲活动的需求[30];卿前龙(2005)提出休闲服务需求是指一定时期内消费者在各种价格水平下愿意而且能够购买并有时间消费的休闲服务的数量[16]。本文认为,与休闲需求和休闲服务需求相比,公共休闲服务需求也是一种个人需要,但它并非单个人和少数人的休闲需求,而是当多数人(如一个国家的人民、一个城市或者某个村落的人民)作为一个整体所产生的休闲需求,这种需求需要有公共机制来保障,以保证需求者都能公平地享有。

2.3 公共休闲服务供给及其框架构建

公共休闲服务供给与公共休闲服务的含义应当是一体的。供给源于需求,而公共休闲服务就是公共休闲供给的内容,可以从公共休闲服务供给的主体、内容、对象等对其进行界定。基于前文的理论回顾与分析,并结合相关标准[31-32],构建了公共休闲服务供给的框架。如图1所示,整个供给框架由四部分组成,公共休闲供给的主体、内容、对象、具体方式:(1)公共服务供给的主体有政府、非营利组织与工商企业,这三大主体还被分别称为第一部门(政府)、第二部门(企业)、第三部门(非营利组织),其中政府处于主导地位,政府授权非营利组织和工商企业提供某些公共休闲服务;(2)公共休闲供给的内容主要包括公共休闲环境、公共休闲空间、公共休闲场所、公共休闲项目、公共休闲信息和公共休闲教育;(3)公共休闲服务供给的对象,或者说公共休闲服务的需求者,可以是全国公民,也可能是某一地区或者某一类的群体,根据具体情况而定;(4)公共休闲服务供给的具体方式有多种,可以分为四类,一是政府全权组织、生产和供给,即政府安排(包括政府直接供给、延伸供给、政府间合作等),二是政府组织、政府和其他部门联合生产与供给,即跨部门联合,三是政府只组织、其他部门负责生产和供给,即规制垄断(包括特许经营等),四是政府组织和生产,其他部门供给,即市场化(包括租赁、销售等)[1][4];(5)供给主体通过各种具体的供给方式为需求者提供服务内容,需求者在进行休闲活动的时候涉及供给内容,并通过主观感知反馈给供给主体。

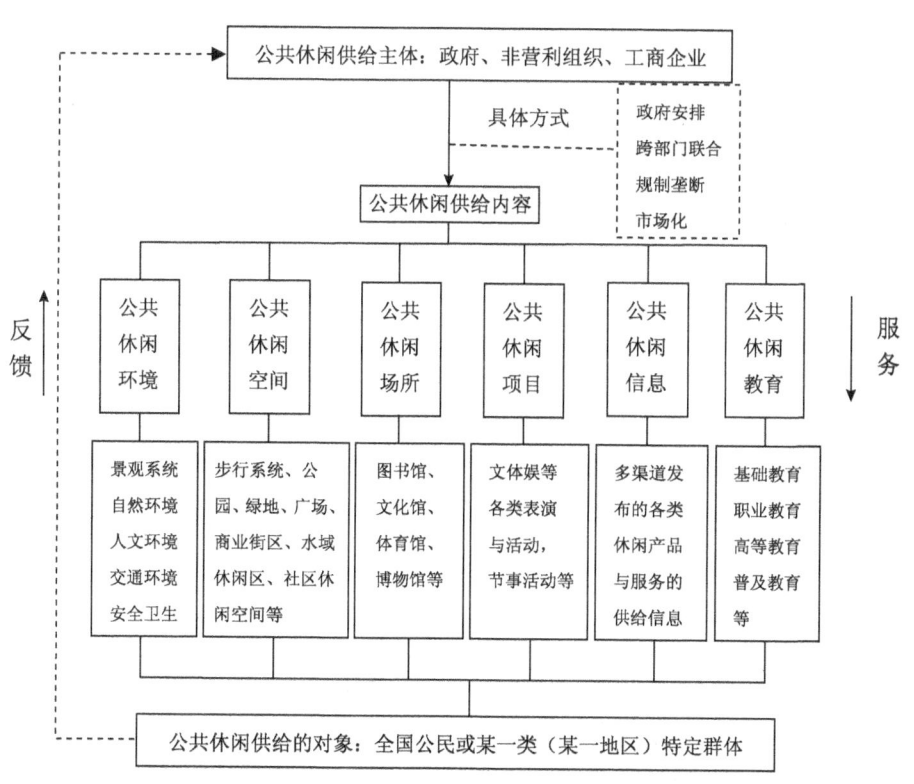

图1 公共休闲服务供给的框架

3. 西方公共休闲服务供给方式与制度：以英、美为例

公共休闲服务属于公共服务的一个分支，可以说，西方公共休闲服务是依托于西方公共服务的发展而发展的，因此在梳理西方公共休闲服务供给方式与制度之前，有必要对西方公共服务供给格局的形成与发展加以简要说明。

3.1 西方公共服务供给格局的形成与发展

西方的公共服务供给理论与实践经过演变，经历了从政府唯一供给到公共供给市场化、多元主体供给的过程，在理论与实践上大致经历了三个阶段：在理论上经历了公共服务政府单中心供给理论（"二战"后至20世纪70年代）、公共服务双主体联合供给理论（1970～1990）、公共服务多元供给理论（20世纪90年代以来）三个阶段[33]；在实践探索上公共服务的供给模式大致经历了传统官僚制阶段、市场多元化阶段以及整体合作阶段[34]。在20世纪70年代之前的几十年内，西方政府一直都是作为公共服务的主要甚至唯一的供给者全面介入市场和社会，至20世纪70年代末，公众越来越多样化的公共需求无法再得到有效满足，政府也面临着财政危机的困境，在这种情况下，西方政府和各理论学派开始积极探索公共服务供给的多种渠道，以解决现实困境。在公共选择理论（以布坎南为代表）、新公共管理理论、治理理论、委托—代理理论（詹森和麦克林）、产权理论（科斯）等理论的支持推动下[35]，西方国家相继掀起了公共服务供给的改革浪潮，纷纷实行公共服务供给模式的市场化改革。最终，由于西方各国国情等现实因素的差异，其公共服务供给方式和制度又有所不同，目前主要有两种相对成熟的供给模式。一是以社会福利为主的欧洲模式，包括以法国和德国为代表的大陆欧洲模式和北欧福利国家模式。大陆欧洲模式的公共服务供给特色在于政府主导的有限市场化，在公共服务的提供中政府仍然占据主导地位；而北欧福利模式中，政府是提供公共服务的决定性因素，负责授权和监督，却不是直接的提供者，政府通过代理机构，由授权的公营单位提供公共服务并引入市场机制提高服务效率[36]。二是以美国和英国为典型代表的盎格鲁—撒克逊模式，特色是坚持公共服务的市场导向，实行公共服务供给的多元化。[36]这种新公共服务供给制度下，政府不再是主要的供给者，而是由政府公共部门、私营部门、第三部门（非营利组织）相互合作，依靠整体的合作网络，实行多元化供给。政府的职能定位不再是"掌舵"而是"划桨"，并充当着"直接提供者、授权者和协调员、支持者和资助人、公平的提供者，立法者和协调者"多种角色[3]，公共服务的供给更多地依靠市场和社会力量，公众可以自主选择其服务主体，公共服务供给的形式也多种

多样,如民营化、合同出租、合同外包、公私合作、凭单制、用者付费、志愿服务等。这种供给制度既缓解了政府的财政经济压力,又能通过不同主体的竞技有效地为公民提供多种服务,从而实现资源的优化配置,因此,以英美为典型代表的这种公共服务供给模式将会是社会经济发展的必然结果,下文将对英美两国公共休闲供给方式与制度的形成和建立分别加以梳理。

3.2 西方公共休闲服务供给方式与制度

3.2.1 英国

18世纪中叶,英国人瓦特改良了蒸汽机,工业革命带来的技术变革迅速传播到整个英国,并带来了一系列社会变革,直到19世纪中期,英国政府开始在行政上正式介入公共休闲服务,经过一百多年的漫长过程,其政策和制度几经调整变换,才形成现今的公共休闲服务多元化供给的格局。

3.2.1.1 英国公共休闲服务供给的发展历程

①19世纪中期到20世纪中期:随着英国工业革命带来的巨大社会变革,19世纪中期,工人阶级的现状让政府开始反思。为维持社会稳定和长远发展,英国政府被迫介入公共休闲服务,不再压制大众娱乐,反而开始关心社会福利,引导公众理性地进行休闲娱乐。政府相继颁布了《工厂法案》、《博物馆法案》、《图书馆法案》、《游憩场地法案》等,并通过志愿者机构来引导工人阶级的大众休闲。至20世纪之后,英国政权更迭,劳动党当政后除相继推出更多支持休闲的有利政策如《山地进入法案》、《体育培训和游憩法案》等,[4]还成立了林业委员会负责游憩服务,一系列举措大大改善了工人阶级的生活质量,并为下一阶段的福利社会打下了基础。

②20世纪中期到20世纪70年代末:二战后,英国政府除推出更多有利于休闲的政策,还建立了许多的管理机构如艺术理事会、国家公园委员会、体育理事会等来支持和推动英国公共休闲供给的发展,并且政府作为主导者几乎包揽了所有公共休闲服务的供给,在休闲文化、休闲体育、休闲教育、休闲设施等方面取得了极大进展。与此同时,志愿性的休闲机构增加,也发挥了很大作用,英国进入福利国家的阶段。然而,到70年代中期,英国经济衰退,政府面对极大的财政压力,开始寻找新的出路。

③20世纪70年代末到1997年:20世纪70年代末,在新的理论支撑下,公共服务供给市场化改革的浪潮袭来,英国的公共休闲供给也发生了转变。保守党执政,一方面政府减少了对公共休闲供给的直接投资,另一方面开始鼓励非政府部门承担更多福利责任,志愿者机构大大承担了许多之前政府的责任,同时随着"强制性竞争投标"的出

台,商业部门越来越多地加入到公共休闲服务的供给中来,扮演了重要角色。这段时期被称为公共休闲供给发展史上的"marketing"(市场化)时代,值得一提的是这一时期颁布的《教育改革法案》明确了教育机构的休闲和体育设施对公众开放,而《儿童法案》中规定地方政府在提供娱乐和游憩服务时必须考虑儿童的需求。1992年,英国成立了第一个专门负责休闲游憩事宜的中央政府部门"National Heritage Department",即国家遗产部,1997年该部门更名为"Culture, Media and Sports Department(文化、媒体和体育部)"。

④1997年至今:1997年,工党执政,英国公共休闲进入"新管理主义"时期,在1999年的"Local Government Act"(地方政府法令)中引入"Best value"(最佳价值)政策,开始采用战略规划、顾客导向、绩效评估和质量管理等商业机构的运作理念来管理公共休闲,并在颁布的两次残疾歧视法案中,明确保护残疾人应有的休闲权利[7]。公共休闲服务供给进入分散化、多元化阶段,政府、商业部门、志愿者机构合作,共同承担公共供给,相关法律法规更加健全。

3.2.1.2 英国公共休闲服务供给方式与制度

英国的公共休闲供给发展至今,已经形成政府、商业部门、志愿者机构三者共同合作,多元化供给的格局,政府机构扮演着多重角色,志愿者机构作为政府失灵和市场失灵的补充发挥着重要作用,商业部门则响应政策,受政府指引。其中,英国负责公共休闲的政府部门主要有两类,一是中央政府部门"文化、媒体和体育部",一般不直接提供公共休闲服务,而是通过立法、授权等来指导和管理地方政府部门和其他供给主体;二是各地的地方政府部门,是英国公共休闲服务的重要供给者。此外,两者之间,还有一个重要的中介机构——"non-department public bodies",即非政府部门公共机构[7]。各供给机构及其职责详见表1。英国公共休闲供给的方式也多种多样,根据具体的服务,有时是政府部门包揽,有时政府部门与其他部门合作或签订合同,或通过租赁、销售实行市场化供给,等等,宋瑞[4]总结了英国地方政府提供公共休闲服务的具体方式。

表1 英国公共休闲服务供给机构及其职责

机构名称与性质	相应职责
文化、媒体和体育部 (中央政府部门)	将原来分散在不同部门的休闲管理职能集中起来,对与休闲有关的体育、艺术、旅游、国家彩票、历史遗迹及各类文化休闲产业(包括图书馆、博物馆、电影,新闻媒体、出版等)等事务负责;该中央政府部门极大程度上作为"立法者、授权者、监管者、财政支持者"而非"直接的提供者";一方面通过立法或颁布规定,来指导和管理地方政府、志愿者机构及商业部门的休闲供给,另一方面直接拨款给其他供给主体

续表

机构名称与性质	相应职责
非政府部门公共机构（公共机构、中介机构）（非政府机构）	包括五个体育理事会,四个艺术理事会,英国古迹署,博物馆、图书馆和档案理事会,16个国家博物馆,访问英国和十多个环境部门等等,[7]共有50多家；单独组建并由独立的董事会管理,负责向政府提供有关政策咨询、协助政府制定并具体实施政策以及休闲拨款的具体分配等
各地地方政府部门（地方政府部门）	"执行者",被中央政府部门赋予了较大的自主决定权,因此也是"授权者和立法者",在英国公共休闲供给中发挥着重要作用,不但负责直接提供多种多样的休闲服务和设施（包括户外体育与娱乐、市内体育与娱乐、户外非正式娱乐、乡村娱乐、文化娱乐、与教育有关的娱乐、图书服务等10大类47小类）,[4]还与商业部门和志愿者机构合作,通过人力、技术、场地、资金等方面的授权、支持,依靠他们来提供更多类型的公共休闲服务
志愿者机构（非营利部门）	作为政府的补充和替代,接替了许多之前政府的职责,提供大量公共休闲服务,具有独立性,又可与政府和商业部门合作,获得相应授权及资助
商业机构（营利部门）	响应中央政府和地方政府的政策,参与投标,依法提供各类公共休闲供给服务；与政府部门或志愿者机构合作,共同提供公共休闲服务

资料来源：Borsay, P (2002). A History of Leisure: The British Experience since 1500[M]. Palgrave Macmillan; Bramham et al(1993). Leisure Policies in Europe[M]. CABI Publishing 等。

3.2.2 美国

19世纪工业革命传至北美,带来了美国的民主发展时期,一系列的社会变革改变了人们的生活方式,并深入影响到休闲游憩中,大众休闲得到普及。与英国相似,美国的游憩、公园和休闲服务从只属于政府职责、非营利机构或商业功能中一个较小的领域发展成为大型的综合型事业,形成较为完善的公共休闲服务系统,也经历了一百多年的时间,但其具体发展过程和供给制度又因美国国情而有所不同。

3.2.2.1 美国公共休闲服务供给的发展历程

①19世纪中期到20世纪早期：美国的"公共游憩运动"时期。这一时期政府和志愿者机构在成人教育（实施文化宫运动）,国家、州立和市政公园的发展,建立志愿者组织以及游乐场运动四个方面努力,为大众提供了各种文化艺术等游憩活动和体育设施。工业革命带来了一系列社会变革,8小时工作制的确立、人口的激增、城市文明时期的到来,使教堂和社会不再反对游戏和娱乐,各类文艺消遣和体育活动在19世纪中后期盛行。许多教堂建立了图书馆、体育馆和会议场所,强身派基督教和基督教青年会为体育游憩做出了巨大贡献,到19世纪80年代,基督教青年会作为体育活动的领导者已经在全国建立了260个体育场馆。政府也正式加入休闲供给的行列,从1864年开始,第

一批州立公园和若干国家森林公园及历史公园逐渐建成,1880~1900年间,美国共有80多个城市建立了公园系统,数量稍少的城市建立了沙地公园以及不久后的游乐场,14个城市提供了有监管的游戏设施。20世纪之后,政府应该提供游憩设施、游憩项目和游憩服务的观点被广泛接受。联邦政府通过了《垦荒法》(1902)、《古迹法令》(1906)等,1905年建立了林业局,1916年美国国家公园管理局成立,与联邦政府和州政府一起强化推广户外游憩。大众文化在20世纪20年代的爵士乐时代得到了蓬勃发展,这一时期出现了许多重要的由青年服务的非营利组织,许多公民团体和社区服务组织都成立于1910~1917年,到20年代末,这些组织已经在美国人生活中产生了重要影响并服务了大量年轻人,并试图引导美国大众进行有益的休闲和娱乐。学校也发挥了重要作用,1919年,第一个关于游憩的大学课程在维吉尼亚联邦大学开设[12]。

②20世纪早期到二战结束:特殊环境下公共游憩的积极发展时期。20世纪20年代繁荣过后,30年代的大萧条使美国陷入了困境,大规模失业促进了国家对休闲游憩的关注。为了对抗消极影响,联邦政府不久就启动了许多和游憩相关的紧急项目,国家青少年管理部门、公共资源养护队以及新成立的联邦紧急救济署、土木工程管理署、公共事业振兴署等,在整个国家的公园与游憩项目和设施方面发挥了巨大作用。在1925~1935年间,城市游憩建筑数量翻了两倍,众多的公园,游泳池,野餐场地,道路,游乐场,跳高滑雪场,溜冰场,体育馆和其他文娱建筑等被建成,并提供了大量工作机会,人们的休闲需求意识提高[12]。随后的二战期间,在非营利组织和政府的努力下,又成立了新的协会组织,众多新的游憩和服务项目被实施,还有许多人接受了游憩领导力的相关培训,并于战后投身于游憩事业。遗憾的是,直到20世纪三四十年代,在美国依然存在严重的种族和民族歧视。

③二战结束到20世纪70年代中后期:公共游憩的福利化发展时期。二战后,国民财富积累,美国人口分布市郊化,并伴随人口从南向北流动和民权运动,各种游憩参与暴增,游憩机构的功能和政府角色发生了一系列变化。在以促进健康为目的,满足老年群体需求、残疾人游憩需求、贫困人口的服务、大众艺术需求以及照顾少数民族和种族群体需求方面,政府和非营利组织都做出了许多努力,包括颁布相关政策法案,成立新的机构和服务项目。尤其在20世纪60年代为最,体育运动、艺术、业余爱好、户外游憩和健身等方面的机构稳定增长,以音响、电视、DVD播放机和其他电子设备为基础的家庭娱乐也得到了发展[12]。在20世纪60年代晚期,反主流文化出现,而伴随其后,包括女性、老年人、残疾人、不同性取向的人以及少数民族和种族群体的小团体要求更多的

社会、经济、政治和休闲权益,为平等做出努力并取得了很大效果,直至20世纪70年代中期,政府游憩和公园机构还在大量增加财政预算、员工、设施与项目。

④20世纪70年代中后期至21世纪:公共游憩的市场化、多元化时期。经济衰退、通货膨胀、福利和司法成本增加,20世纪七八十年代,政府巨额开支造成了遍及全美各个州市的税收抗议和资金削减。为了应对困境,有效履行职责,一方面,游憩和公园在方案制订与管理上市场导向、企业式模式开始普及,另一方面,私有化经营成为许多游憩组织、公园、休闲服务机构采取的对策,如转包业务给私人组织或与其签订特许经营权协议。政府功能开始私有化,游憩和公园的众多公共部门也与私人企业签订合同,要求私人企业按照协议规定必须达到的管理标准和可收费标准来经营各类场所和项目建设[12]。公共的游憩和休闲领域呈现消极状态的同时,各类商业游憩企业兴盛起来。从20世纪90年代开始,美国出现经济分层,收入差距明显,社会阶层出现明显的贫富划分,在游憩、公园、休闲条件方面表现出强烈对比,但这时的社会政策趋于更加保守,大量的福利和内城中为经济劣势群体服务项目的扶持被撤销,就连艺术领域也未能幸免,商品化和私有化得到了普及,美国的政府部门、非营利机构、私人组织、商业机构等不同组织类型之间的功能界限明显有所模糊,往往通过合伙制或联合创办协议彼此重叠[12]。90年代末新的环保行动拉开序幕,公园管理当局和国会做出了努力,全国公园信托组织等大型环保组织也对新公园和荒地的开发提供支持,更为积极的社会环保观念得以推广,现代生活中游憩和休闲场所比以往任何时候都要安全。21世纪初,美国面临公共健康危机,联邦政府、游憩和休闲服务的提供者认识到了社区游憩的体育效果,联邦政府开始建设道路体系并支持课外项目,社区游憩机构也采取了各种不同措施应对。随着21世纪新的人口和社会民族变化趋势,美国的游憩和休闲面临着新的挑战和机遇[12]。

3.2.2.2 美国公共休闲服务供给方式与制度

现代美国的公共休闲服务系统是由政府部门、非营利组织和商业团体三个主要部门组成的,此外还有个人、学校等的参与。三大主体之间既有不同点也有相似点:(1)政府部门主要负责保护和运营户外游憩资源(如森林、公园、游乐场、体育和水上设施等)及室内场所(如博物馆、艺术馆、体育馆等),其职责是无差别地服务大众,美国政府在公共游憩与休闲领域的部门从上而下依次有联邦政府、州政府、郡和地方政府,其中地方政府是与当地居民最为密切的组织,直接负责提供许多游憩与公园设施和活动,其游憩和公园机构发展迅速,数量较多,各政府机构情况详见表2。(2)美国的非营利机构一般是完全独立的,也可能是国家或地方邦联的一部分,其理事或指导者通常是有公德心的市民，其管理层既有受雇佣的带薪的专业人员，也有志愿者，依靠公众筹款、社区福利基金、联合劝募会、会员会费、政府资助等方式募集资金。他们注重利用休闲实现社会价值，并较为关注年轻人、社区和特殊群体的发展，游憩服务是他们活动中的很大一部分。在美国漫长的公共休闲服务发展历程中也可以明显看到一个事实，就是非营利组织的巨大贡献，即便是今天，它的重要作用也是不可替代的。现在的美国是世界上志愿者服务参与最多的国家，2004年美国人有28.8%在机构和其他活动中担任志愿者，志愿者以青年人为主[12]。表3是美国休闲和游憩领域非营利组织的主要情况。

(3) 商业团体在政府的相关授权下提供公共休闲和游憩服务。

供给的方式多种多样，且各主体之间存在着十分普遍的合作关系，尤其是各政府部门之间，政府的公园和游憩部门与非营利组织、商业机构、个人、学校等的合作，非营利志愿者机构之间的合作以及志愿者机构与政府部门、商业团体、个人、学校等的合作。如：国家公园管理局和州公园机构、地方公园与游憩部门有很长的合作历史；公共土地托管会(TPL)每年都会与地方公共机构、非营利组织以及临近团体合作开展休闲和游憩项目；童子军和女童子军经常与教堂、宗教组织以及当地学校合作；YMCA也经常与地方公共部门、学校、公共房屋理事会、医院、教养员等合作；专业社团之间组成联盟合作[12]；此外，政府部门授权，通过转包业务、特许经营、合作等形式，与商业机构签订合同，如一些体育场、运动场等新设施的建设，公共球场的经营甚至公园的管理和经营。

表2 美国休闲和游憩领域的政府机构

政府级别	主要权限	主要涉及机构	具体职责
联邦政府	直接管理户外游憩资源；保护和回收自然资源；对露天场所和公园发展计划的帮助；咨询和财政援助；对职业教育的帮助；对游憩经济功能的促进作用；课题研究和技术援助；制定规章和标准	国家公园管理局（NPS）	保护和有效利用未受损害的自然和文化资源、国家公园系统，鼓励各层级合作，发展项目鼓励教育和学习，开发新机构等
		林业局（USFS）	负责管理国家纪念物、游憩区域、小路、野外及风景河区，尤其是大型森林和绿地
		土地管理局	管理其土地范围内的基于各种资源的户外游憩活动：露营、骑自行车、狩猎钓鱼、爬山等
		垦务局（BOR）	将水库区域转移到其他可能的联邦机构，提供划船、露营、远行徒步、狩猎钓鱼等游憩功能
		渔业局和野生动物管理局（USFWS）	恢复国家渔业发展，执行法律，保护野生动物，指导研究，满足狩猎者和渔夫的需要

续表

政府级别	主要权限	主要涉及机构	具体职责
联邦政府	直接管理户外游憩资源；保护和回收自然资源；对露天场所和公园发展计划的帮助；咨询和财政援助；对职业教育的帮助；对游憩经济功能的促进作用；课题研究和技术援助；制定规章和标准	田纳西流域管理局（TVA）	不亲自管理游憩设施，将土地交给其他公共机构或者私人团体进行开发管理
		美国陆军工团	保护和改进河流与其他水道，建设水库，管理水库和湖泊，提供划船、野营、狩猎和钓鱼等公共游憩场所
		美国艺术基金会（NEA）	作为独立机构并支持艺术和人文学科的发展
		总统健康与运动委员会	帮助美国年轻人提高身体素质，促进体育参与
		其他和健康、公共事业、教育、住房及城市发展相关的联邦机构等，如老人事务局、康复服务管理中心等	对其所辖的地区或特殊群体的游憩与休闲提供服务，开展相应的项目或建设
州政府	权限自由度较大，美国宪法规定其未授予也未禁止各州行使的权利均可由各州各自保留，此外它还有制定相关标准或程序以及监管商业设施的权力	各州立游憩和公园部门	运营自己的公园网络系统（包括州立公园区域、游憩区域、自然区域、环境教育场所、科学区域及州立道路）和其他户外游憩资源，州政府还负责向它赞助的组织机构提供游憩服务指导，以及在州的高等院校为游憩从业人员提供职业教育
		许多州政府还有办事处或艺术资助委员会	负责分配资金给创意和文化活动相关领域的非营利组织、表演团体或机构，如资助州博览会
郡或特区公园游憩单位	是州和地方政府机构合作的媒介，可以制定一定的法律，有权力争取土地或通过其他方法保护露天场所		提供大量的公园和其他户外游憩资源，此外它们也可能资助对特殊群体的服务

续表

政府级别	主要权限	主要涉及机构	具体职责
地方政府	通过州议会、特许途径或其他规则安排获得法律授权,根据各地方的具体情况,开展和提供游憩与公园设施和活动,满足大众最为广泛的游憩需求	地方游憩和公园部门:主要包括游憩部门和公园服务两部分,有的是独立的公园与游憩部门,有的还包括图书馆、援助机构及类似组织,成为合并的多元服务部门(已经成为一种趋势)	组织安排活动:包括体育与竞赛、水上运动、户外亲近大自然活动、艺术和手工艺、表演艺术、特定服务、兴趣小组及其他游乐场和社区中心活动; 赞助一些大规模事件如节日庆典、展览等; 辅助其他社区机构组织、宣传和计划活动;合并的社区服务部门具有公共事业职能,还负责图书馆、体育馆、海滩等公共管理; 响应政府号召,有选择地实施收费制并多渠道筹资,在环境和营销方向上努力
		诸如地方的警察局、福利部门、青少年理事会、公共住房部门、文化部门或理事会等政府机构	赞助一些与其使命相关的特定休闲服务,如公共住房部门负责住宅工程中的游憩中心

资料来源:Gary Cross. (1990). A Social History of leisure:Since 1600[M]. State College, Pennsylvania:Venture Publishing, Inc;Foster Rhea Dullers. (1965).
A History of Recreation——America Learns to Play(2nd ed.)[M]. New York:Apleton - Century - Crofts;
麦克林,赫德. 现代社会游憩与休闲[M]. 罗杰斯,梁春媚译. 北京:中国旅游出版社,2010.

表3 美国休闲和游憩领域的非营利组织

	主要类别	主要职责	例证
非营利组织	无宗派青年志愿者机构	以促进社会发展和好公民为目的,组织广泛的游憩活动项目,在全国各地拥有分支机构,在美国此类组织有成百上千个	美国童子军; 美国女童子军; 美国男孩女孩俱乐部; 警察体育联盟; 美国萤火队等
	宗派附属青少年服务机构	一方面为自己的成员或教徒提供游憩活动以保证机构的有效运转;另一方面利用和其宗教信仰不相冲突的方式为社区或特定人群提供休闲活动,包括由地方教堂或犹太教堂支持的活动以及由教派支持的国家联邦机构提供活动,如:一些宗教指导下的游憩活动、为家庭准备的全年游憩活动、美术展和表演艺术、为不同年龄人群准备的同龄人活动、特殊兴趣和社会服务活动、体育活动	基督教青年会(YMCA); 基督教女青年会(YWCA); 穆斯林青年团; 天主教青年组织(CYO); 希伯来青年会(YM - YWHA)等
	保护与户外游憩组织	重点关注州和地方层面,在保护与户外游憩领域教育公众,并影响政府政策,有时会游说、研究和赞助会议与公共宣传,提出计划并直接行动	

续表

	主要类别	主要职责	例证
非营利组织	促进青少年体育和竞赛机构	包括关注职业比赛、高水平校际比赛以及致力于纯业余体育和竞赛活动推广的各种组织,帮助国家辅助进行青少年体育标准设定,推广高效的以价值为导向的教授方式	国家青少年体育联盟; 积极教导法联盟; 少年棒球联合会; 美国篮球协会; 美国网球协会等
	体育、户外游憩、旅行等特殊兴趣组织	因为某类特殊兴趣而建立,并积极推行和组织相关游憩活动的组织,或者教授户外领导技能	山脉俱乐部; 阿巴拉契亚山脉俱乐部; 美国国家户外领导学校等
	艺术委员会和文化机构	多是由团体组成的伞状机构,负责协调艺术方面的特殊兴趣小组,提供资源,赞助艺术展和演出,发行刊物,成立新的艺术团体,负责网络事件等	帕萨迪纳艺术委员会等
	同业和兄弟俱乐部	改善商业环境并对社会福利做贡献,宣传环境方面的问题,推广艺术和其他文化活动,或者针对女性、弱势儿童、青少年等群体服务	基瓦尼俱乐部; 狮子联会; 扶轮社; 联邦妇女俱乐部等
	推广与协调机构	包括了一些在旅行、旅游、娱乐和餐馆业、体育等方面的协调组织,其成员拥有同样的追求和生活重心,提供信息交换、研究、确定优先顺序,提交规划报告,技术支持,领导力培训,组织与游憩及休闲相关的服务	美国保龄球协会; 户外游乐行业协会; 国际艺乐公园; 游乐园协会等

资料来源:Gary Cross. (1990). A Social History of leisure: Since 1600[M]. State College, Pennsylvania: Venture Publishing, Inc;Foster Rhea Dullers. (1965).
A History of Recreation—America Learns to Play(2nd ed.)[M]. New York:Apleton - Century - Crofts.
麦克林,赫德.现代社会游憩与休闲[M].罗杰斯,梁春媚译.北京:中国旅游出版社,2010.

4. 我国公共休闲服务供给方式与制度实证研究:以开封为例

由于我国各地公共休闲服务供给的状况不尽相同,因此很难根据前文所构建的公共休闲服务供给框架的六个层面来直接论述我国公共休闲供给的整体情况。所以本部分将首先从相关的政策法规、机构设置、供给状况、非营利组织四个层面分别考察当前我国公共休闲供给的大致状况;而后将根据研究框架和研究所需,以开封为实证研究区域,再度分析开封城市公共休闲服务供给和需求的实际状况。

4.1 我国公共休闲服务供给状况

4.1.1 政策法规

近年来,随着我国社会经济的发展、公民休闲意识的提高、休闲经济作用的逐步显露,国家在与休闲服务相关领域的政策也开始逐渐增多,我国休闲发展的制度环境逐步得到改善。但是,这些法规政策绝大多数并不是直接为休闲服务而定,而只是在相关的政策法规中,较为有限地涉及了公共休闲服务供给的内容。而诸如休闲标准的实施缺乏法律的强制保证,其知名度和实施力度都不足,《国民旅游休闲纲要(2013—2020)》虽然较多地涉及了休闲服务的层面,但还需要深入的细化和逐步落实。因此,今后我国公共休闲服务供给的政策法规还需要进一步专门化和深入细化。

总的来说,近年来涉及休闲服务领域的政策法规主要有以下方面:(1)休闲时间方面:1994年将"八小时工作制"上升为国家法律制度,1995年实行"五天工作制",1999年发布实施的《全国年节及纪念日放假办法》中规定了春节、"五一"、"十一"3个七天长假,后经调整变换,2008年开始实行新的《全国年节及纪念日放假办法》,形成了元旦、清明节、"五一"、端午节和中秋节5个小长假,此外2008年还通过了《职工带薪年休假条例》,据统计,现今我国公民享有的法定公共假日为115天,占全年天数的31.5%[37]。(2)2007年,在我国《政府工作报告》中,明确提出了"积极培育休闲消费热点",首次将休闲纳入经济社会发展的工作部署。2009年,我国国务院在"三定"方案中明确将"引导休闲度假"确定为国家旅游局的职能,"休闲"被正式纳入行政管理的范畴[38]。(3)休闲服务业是我国服务业的重要组成部分,2007~2008年,国务院相继颁发了《关于加快发展服务业的若干意见》、《关于认真贯彻落实国务院关于加快发展服务业的若干意见的通知》等文件,并在相关政策中有限涉及了休闲服务领域。2013年,国务院还印发了《关于加快发展养老服务业的若干意见》。(4)随着《文物保护法》(2007)、《体育法》(2008)等的相继颁布,2009年,政府在与休闲相关的文化、体育和旅游产业相继又出台了一些政策,也极大地推动了休闲服务相关领域的发展,包括2009年9月发布的《文化产业振兴规划》、10月的《全民健身条例》、12月的《国务院关于加快发展旅游业的意见》。并且,2009年,在国家旅游局的倡导下,"国民旅游休闲计划"相继在多个省份实施,带动了旅游、教育、体育、养老、健身等多个领域的发展。同年,国家旅游局分别与文化部、农业部、体育总局合作,与休闲相关的体育、文化、旅游等领域加快了体制机制改革的步伐并相继取得了成就,有效激发了公众的休闲意识和需求。2010年,除进一步落实和细化2009年的相关政策外,政府在文化、体育方面继续颁布了《国务院办公厅关于促进电影产业繁荣发展的指导意见》、《关于加快我国数字出版产业的若干意见》、《全民健身计划(2011—2015)》等一系列政策文件。(5)2009年,全国休闲标准化技术委员会成立,2010年六项国家休闲标准获批立项,2011年9月29日,国家标准化管理委员会发布第14号国家标准公告,《城市公共休闲服务与管理基础术语》、《城市公共休闲服务与管理导则》、《城市中央休闲区服务质量规范》系列标准获批并于10月1日起实施,我国休闲服务标准工作取得重大发展。(6)2013年2月2日,国务院印发了《国民旅游休闲纲要(2013－2020)》,分别在国民旅游的休闲时间、休闲环境、休闲基础设施建设、休闲产品开发与活动组织、休闲公共服务、休闲服务质量六个层面提出了任务和措施,并积极推进带薪休假制度的落实,明确由发改委和旅游部门负责《纲要》的组织协调和监督检查,各相关部门参与其中,并鼓励社会力量加入。尽管《纲要》处处可见旅游二字,但其涉及内容却涵盖了旅游、文化、体育、教育等休闲服务层面以及对特殊群体的人文关怀,我国的休闲服务业将进入一个新的发展阶段。

4.1.2 机构设置

公共休闲服务涉及文化艺术、体育、旅游、环境、传媒、社会福利、教育等多方面,尽管2009年国家旅游局办公室(综合协调司)承接了"引导休闲度假"的职能,并由假日处具体承担工作,但却没有更多的细化设置,而且该职能也仅属于休闲服务的一小部分。因此,目前我国实际上并没有负责休闲服务的专属机构。

通过查阅我国政府门户网站发现,我国涉及公共休闲服务供给与管理的国家行政部门共有16个,根据这些部门及其内设机构的职能内容进行划分,发现共有三类:一是其主要职能涉及公共休闲服务供给与管理的部门,在这些部门及其内设机构的具体职能描述中,很多都是直接涉及了公共休闲服务的供给、监督与管理工作,包括国家文化部(艺术司、公共文化司、非物质文化遗产司、文化产业司)、体育总局(群众体育司、青少年体育司、科教司、宣传司)、文物局(文物保护与考古司、博物馆与社会文物司)、旅游局(综合协调司、旅游促进与国际合作司、规划财务司、监督管理司)、国家新闻出版广电总局(公共服务司、宣传司、新闻报刊司、电影局、出版管理司、电视剧司、传媒机构管理司、数字出版司、网络视听节目管理司、版权管理司);二是部分职能涉及了公共休闲服务供给与管理的部门,如教育部(体育卫生与艺术教育司)、住房和城乡建设部(城乡规划司、城市建设司、村镇建设司)、民政部(民间组织管理局、基层政权和社区建设司、社会福利和慈善事业促进司)、宗教事务局(业务一、二、三、四司)、林业局(造林绿化管理司、森林资源管理司、野生动植物保护与自然保护区管理司、农村林业改革发展司)、发展和改革委员会;三是尽管其职能描述中没有直接涉及公共休闲服务的部分,但在客观上相关的部门,包括水利部(规划计划司、水资源司、建设与管理司)、交通运输部(公路局、水运局、综合规划司)、环境保护部(自然生态保护司、规划财务局、环境监察局、宣传教育司)、国土资源部(规划司、土地利用管理司)、工业和信息化部、农业部。

而我国省级以及市、县(区)等地方政府部门的相关机构设置也基本类似,根据各地区具体情况略有不同,并且地方政府通常在省级政府的约束下活动,所享有的自主权十分有限。这种休闲服务职能分散在多个政府机构中且某些部门职能交叉重合的情况,造成了公共休闲服务供给过程中的难以协调和低效率,不利于我国公共休闲供给的长期和整体协调发展。

4.1.3 供给状况

根据《2012年我国国民经济和社会发展统计公报》[39],2012年末我国大陆总人口为135 404万人,比上年末增加669万人,其中城镇人口为71 182万人,60周岁及以上人口19 390万人,占总人口的14.3%;共有养老服务机构4.2万个,社区服务机构20万个,其中社区服务中心1.6万个,社区服务站7.2万个;全年城镇居民人均可支配收入24 565元,比上年实际增长9.6%,农村居民人均纯收入7917元,比上年实际增长10.7%;城镇居民家庭人均消费支出16 674元,农村居民家庭人均消费支出5908元;2012年我国国内生产总值519 322亿元,比上年增长7.8%,其中第三产业增加值231 626亿元,增长8.1%。全年全社会固定资产投资374 676亿元,其中第三产业投资197 159亿元,增长20.6%。按照行业划分,与休闲相关的各行业的固定资产投资情况详见表4。从表中可知,国家对休闲相关领域的投资依旧在增大,尤其是对文化、体育和娱乐业的投资。但应注意,这些行业中并非全是休闲服务的投资,数据并不纯粹。由于我国并没有建立专门的休闲供给统计体系,因此只能从城市公用事业、文化艺术事业、体育事业等方面来分析我国公共休闲供给的统计状况。

表4 相关行业固定资产投资额

行业	投资额(亿元)	比上年增长(%)
农、林、牧、渔	9004	32.2
交通运输、仓储和邮政业	30 296	9.1
水利、环境和公共设施管理业	29 296	19.5
居民服务、修理和其他服务业	1718	26.0
教育	4679	20.0
卫生和社会工作	2645	23.0
文化、体育和娱乐业	4299	36.2
公共管理、社会保障和社会组织	6363	9.2

资料来源:根据《2012年我国国民经济和社会发展统计公报》数据整理。

4.1.3.1 城市公用事业

近年来,我国加大了对城市公用事业的投入力度,从城市道路、城市公共交通、城市绿化、城市公园建设等方面加以扩展和改进,很大程度上完善了城市的休闲功能。表5是1990~2011年我国城市公用事业基本情况,从表中可知,我国城市的城市建设、市政设施、公共交通、城市园林与绿化等方面都有了很大的进步。但随着我国城镇化进程的加快,城市人口密度也大幅增长,因此一个突出的表现是,人均供给依然不足,此外由于不同城市的经济社会发展情况不同,城市公用事业还存在着明显的地区差异。除了城市公用事业有所发展外,近两年,我国还加大了对农村基础设施的投入建设,为各村镇提供一些基础的健身器材,但数量仍较少。

表5 我国城市公用事业基本情况

项目	1990	1995	2000	2010	2011
建成区面积(平方公里)	12 856	19 264	22 439	40 058	43 603
城市人口密度(人/平方公里)	279	322	442	2209	2228
年末实有道路长度(万公里)	9.5	13.0	16.0	29.4	30.9
每万人拥有道路长度(公里)	3.1	3.8	4.1	7.5	7.6
年末实有道路面积(亿平方米)	10.2	16.5	23.8	52.1	56.3
人均拥有道路面积(平方米)	3.1	4.4	6.1	7.5	7.6
年末公共交通车辆运营数(万辆)	6.2	13.7	22.6	38.3	41.3
每万人拥有公交量(标台)	2.2	3.6	5.3	11.2	11.8
出租汽车数(万辆)	11.1	50.4	82.5	98.6	100.2
城市绿地面积(万公顷)	47.5	67.8	86.5	213.4	224.3
人均公园绿地面积(平方米)	1.8	2.5	3.7	11.2	11.8
公园个数(个)	1970	3619	4455	9955	10 780
公园面积(万公顷)	3.9	7.3	8.2	25.8	28.6

资料来源:根据《2012中国统计年鉴》整理。

4.1.3.2 文化艺术事业

表6是我国文艺事业近几年基本情况,从表中可知,近年来,我国文化艺术事业呈现蓬勃发展的趋势,图书馆、博物馆、县市级文化馆、乡镇(街道)文化站、艺术表演团体、艺术表演场馆个数以及图书、报纸、期刊总印数整体呈现稳定上升趋势,但省、地市级群众艺术馆出现了下降趋势。截至2012年末,全国共有艺术表演团体7340个,艺术

表演场馆 2344 个,博物馆 3069 个,公共图书馆 3075 个。各类广播电视播出机构共有 2579 座,有线电视用户 2.14 亿户,有线数字电视用户 1.43 亿户,广播节目综合人口覆盖率为 97.5%,电视节目综合人口覆盖率为 98.2%。国有电影制片厂 38 个,电影院线 40 条。全年生产电视剧 506 部 17 703 集,电视动画片 222 838 分钟,故事影片 745 部,科教、纪录、动画和特种影片 148 部[39]。出版各类报纸 476 亿份,各类期刊 34 亿册,图书 81 亿册。近年,我国政府还开展了"电影进农村"公益活动,并鼓励农村居民积极自发开展健身、文艺活动,努力为农村居民改善生活质量,但在文艺休闲设施、休闲场所、休闲活动的开展上仍存在着城乡差异较大的情况。

表6 我国文化艺术事业基本情况

项目	2007	2008	2009	2010	2011	2012
图书种数(万种)	24.8	27.4	30.2	32.8	37	37
图书总印数(亿册)	62.9	70.6	70.4	71.7	77.1	81
期刊种数(种)	9468	9549	9851	9884	9884	9849
期刊总印数(亿册)	30.4	31	31.5	32.2	32.9	34
报纸种数(种)	1938	1943	1937	1939	1928	1928
报纸总印数(亿份)	438	442.9	439.1	452.1	467.4	476
图书馆(个)	2799	2820	2850	2884	2952	3075
省、地市级群众艺术馆(个)	411	389	361	374	379	382
县市级文化馆(个)	2806	2829	2862	2890	2905	2919
乡镇(街道)文化站(个)	37 384	37 938	38 736	40 118	40 390	40 575
博物馆(个)	1722	1893	2252	2435	2650	3069
艺术表演团体(个)	4512	5114	6139	6864	7055	7340
艺术表演场馆(个)	2070	1944	2137	2112	1956	2344

资料来源:根据相关年份《国民经济和社会发展统计公报》数据整理。

4.1.3.3 体育事业

2004 年,我国多个部门联合开展了第五次全国体育场地普查工作。截止到 2003 年年底,我国共有符合普查标准的各类体育场地 850 080 个,其中标准体育场地 547 178 个,非标准体育场地 302 902 个,历年累计投入体育场地建设资金 1914.5 亿元(财政拨款占投资总额的 34.9%,单位自筹占 53.9%),用于标准体育场地建设的占 85.8%。64 种标准体育场地中,体育场、体育馆、游泳馆、跳水馆等大型体育场馆共 5680 个,室内游泳池、综合房(馆)和篮球房(馆)等室内体育场地共55 678个;室外游泳池、室外网球场和足球场等室外体育场地共485 818个,在室外体育场地中篮球场、小运动场和排球场共436 278个。不含新疆生产建设兵团、解放军系统、武警系统和铁路系统的体育场地,全国体育场地的分布情况是:校园的有549 654个,占全国体育场地总数的67.7%;分布在机关企事业单位楼院内的有75 033个,占9.2%;乡(镇)村66 446个,占8.18%;居住小区39 477个,占4.86%;厂矿28 198个,占3.47%;其他22 074个,占2.67%;老年活动场所13 842个,占1.64%;宾馆饭店7195个,占0.89%;公园5712个,占0.7%;广场4987个,占0.61%;学校、企事业单位的体育场地一般不对外开放或者仅对单位人员开放,因此完全对公众开放的体育场地相当有限。以2003年年底全国总人口129 227万人(不含我国港澳台地区)计算,平均每万人仅拥有体育场地6.58个,人均体育场地面积仅为1.03平方米[40]。我国大众严重缺乏体育锻炼场所。

近几年,国家加大了对体育公共事业的支持,随着二期全民健身工程(2005～2010)、全民健身计划(2011～2015)的开展以及全民健身条例的实施,我国对体育事业的财政支持逐渐加大,在体育宣传教育、公共体育路径、体育健身设施、体育活动项目、社区体育、农村体育以及青少年、老年、残疾人体育等方面积极推进,并取得了较大进展。2010年年底,三分之一学校体育场馆对公众开放,全国各类体育场地超过100万个。公共体育场地设施日趋完善,但仍然无法满足人们日益增长的休闲健身需求,2007年《第三次群众体育现状调查公报》显示,"缺乏场地设施"以16.6%的比例成为我国公众进行体育锻炼的第二大障碍。目前,我国"第六次全国体育场地普查"正在积极筹备中。

4.1.4 非营利组织

非营利组织(NPO)是指不是以营利为目的的组织,它的目标通常是支持或处理个人关心或者公众关注的议题或事件,主要包括社会团体、民办非企业单位、基金会三类。[41]在我国,有时候非营利组织还被称为"民间组织",但实际上民间组织只包括社会团体和民办非企业单位。非政府组织(NGO)也可能同时是非营利组织。表7是我国非营利组织的基本情况,从表中可知,近年来我国各类非营利组织数量稳定上升,到2012年底,我国共有社会团体27.1万个,民办非企业单位22.5万个,各类基金会3031个。我国涉及公共休闲服务并在全国有一定知名度的非营利组织主要有:中国关心下一代健康体育基金会、中华慈善总会、中国老龄事业发展基金会、中华全国体育总会、中华环境保护基金会、中国青年志愿者协会等[5]。

表7 我国非营利组织基本情况

非营利组织类型	2007	2008	2009	2010	2011	2012
社会团体(万个)	21.2	23	23.9	24.5	25.5	27.1
民办非企业单位(万个)	17.4	18.2	19	19.8	20.4	22.5
基金会(个)	1340	1597	1843	2200	2614	3031

资料来源:根据相关年份《国民经济和社会发展统计公报》数据整理。

作为重要的社会力量,非营利组织不以营利为目的,而且其经费主要靠自筹,因此既能克服市场的局限性又能够避免"政府失灵"。无论在历史上还是在现在,英美两国的非营利组织在其公共休闲供给中都发挥着十分重要的作用,与他们的非营利组织的成熟度相比,我国非营利组织尽管数量在递增,但仍处于初级发展阶段,还十分不成熟和完善。主要表现在以下方面:(1)国外的非营利组织一般实行自主管理,但我国对注册登记的民间组织实行由民政局和其业务主管部门双重管理,从而造成了在管理和组织活动上的低效率,而且由于"登记双重管理"这个门槛的限制,导致我国很多民间组织都没有登记。(2)相对于国外非营利组织参与度广、与公众沟通密切的情况,我国民间组织宣传不足,与我国大众的接触也较少,缺少二者互通的渠道,大众参与广度明显不够。(3)美国非营利组织的理事或指导者通常是有公德心的市民,其管理层既有受雇佣的带薪的专业人员,也有志愿者,因此组织的管理制度比较完善。但我国很多民间组织的管理层水平不高,缺少专业管理人员,导致了其成长缓慢、管理不规范、资金筹集困难等状况。(4)英美两国的志愿者数量众多,尤其是美国,2004年有28.8%的美国人在非营利机构和其他活动中担任志愿者,且志愿者以青年人为主;反观我国,尽管我国志愿者队伍在壮大,但总体数目仍然较少。(5)未登记在册的民间组织数目众多,这些自发性的群众组织实行自主管理、自筹经费,组织活动比较自由,也为我国大众提供了不少公共休闲服务,但同时也存在着经费不足、管理不规范、缺乏保障等问题。

5. 主要结论与建议

5.1 主要结论

(1)在理论回顾的基础上,结合相关标准,构建了公共休闲服务供给的框架:公共休闲供给的主体(政府、非营利组织、工商企业),通过政府安排、跨部门联合、规制垄断、市场化等不同类型的方式,对需求者——全国公民或某一类(某一地区)的特定群体,提供包括公共休闲环境、公共休闲空间、公共休闲场所、公共休闲项目、公共休闲信息和教育六个方面的服务,需求者在进行休闲活动的时候涉及这些供给内容,并通过主观感知反馈给供给主体。

(2)西方公共休闲服务供给的理论与实践都先于我国。工业革命带来了社会的一系列变革,而后英美两国的政府部门开始从行政上正式介入公共休闲供给,经历了一百多年的漫长历程,才形成较为完善的供给体系。英美两国自上而下都有专门负责休闲事务的政府机构,如英国的"文化、媒体和体育部"以及美国的"游憩与公园部门",其中地方政府部门都被赋予了较大的自主权,是各级政府部门里公共休闲服务的主要供给者;在英美两国,尤其是美国,非营利组织在公共休闲供给的发展历程中发挥了重要的作用,至今仍是如此;现在的英美两国形成了政府部门、非营利部门、商业部门三大主体相互合作,共同承担公共休闲服务的市场化、多元化的供给格局,供给的具体方式也多种多样,比较灵活。

(3)我国的休闲研究和实践都起步较晚,近年来尽管在城市公用事业、体育休闲、文化艺术休闲等方面取得了很大进步,但公共休闲供给仍然不足,无法满足大众的休闲需求;既缺少相关政策法规的支持,也没有专门的政府机构,休闲服务的职责分散在十几个部门中,造成了政府在提供休闲供给过程中的难以协调和低效率;我国的非营利组织数量一直在增加,但宣传不足、大众参与度低、成长缓慢、管理不规范、融资困难,再加上我国政府对非营利组织的双重管制,导致其在公共休闲服务方面发挥的作用也十分有限。

(4)通过实地观察、走访、问卷调查、访谈等对开封城市公共休闲服务的供求状况进行了实证研究,研究发现,开封城市的公共休闲供给尽管一直在改善,但仍无法满足市民的需求。表现在:公共休闲环境的各个方面满意度较低、户外的公共休闲场地缺少基础休闲设施、缺少公共的室内运动场馆、社区休闲供给不足、非营利组织与大众接触和宣传不足等;被访者对开封城市的整体公共休闲服务供给满意度为2.8798,略偏向消极;大多数被访者对完善城市基础休闲设施建设、完善社区休闲设施建设、开放高校公共休闲场所、宣传公共休闲信息、开展公共休闲教育、了解或加入与休闲相关的非营利组织等方面表示了极大的肯定和需求。开封的市级政府机构设置与我国中央机构相似,休闲服务的职责也分散在十几个部门,承担了较多公共休闲服务的供给职责,但也受到上级政府机构的约束。

5.2 对策与建议

5.2.1 设立专门负责休闲事务的政府机构,逐步制定休闲政策、建立统计体系

英美两国的政府机构从上而下都设有专门负责休闲服务的部门,但并非一开始就

有,而是经历了时间的考验慢慢完善起来的。对我国目前的政府机构而言,如果直接将十几个部门里属于休闲事务的职责抽离出来,建立一个全权负责所有休闲事务的政府机构,显然难度较大,不太可能。当务之急,可以首先自上而下,从中央政府到各地方政府,依次各建立一个专门负责休闲的中间政府机构,该机构主要负责制定休闲政策法规、指导各相关部门将属于休闲的职责剥离出来并成立相应内设休闲机构,监督这些部门对休闲职责的实施情况,以及协调不同部门之间在履行职责时的冲突;其次,待时机较为成熟,从中央机构改革开始,自上而下,在该机构下增设各类机构,将原本分散在不同部门的对应职责一一承接过来,并逐步建立休闲的统计体系;第三,改革的整个过程中要注意上级政府机构对下级地方政府机构的充分授权,以便地方政府部门作为最主要也最直接的服务部门,能根据公众的需要灵活提供各类休闲服务。此外,应重视社区休闲,要强调社区服务机构在公共休闲服务方面所能发挥的力量,通过硬性规定增加社区各类休闲设施的建设。

5.2.2 加强休闲研究和高校休闲教育,普及公共休闲教育

理论源于实践,但同样也指导着实践的方向。在国外休闲理论研究已经比较成熟而我国相关研究成果和研究机构较少的情况下,政府和学术界都应当重视起来:①政府组织或者学者自发组织,建立更多专门的休闲研究机构,成立更多的学术团体并发行休闲杂志;②在政府与休闲研究机构之间搭建平台,互帮互助,让研究成果能真正为政府所用,指导我国休闲实践的步伐;③目前我国高校内设置有休闲专业或开设休闲课程的很少,高校休闲教育体系无法一蹴而成,但可慢慢推进,首先要求高校在旅游专业下设置休闲专业,开设相关课程,培养休闲领域的人才,其次在休闲研究和休闲人才渐渐成熟以后,就可以将休闲专业独立成一级学科,进而分设不同的休闲二级学科;④政府应组织或安排相关人员,对我国公众普及公共休闲教育,引导其休闲行为,并积极主动地向公众宣传休闲信息。

5.2.3 支持鼓励非营利组织的发展,放松对非营利组织的管制,积极发挥社会力量

英美两国的非营利组织在其公共休闲服务供给的历史上和现在都发挥重要的作用,这与不同国家的背景和文化有关,但同时也与政府的管理有关。一方面,我国政府应该支持并鼓励各种与休闲相关的非营利组织的发展,明确各个组织在休闲领域发挥的作用,并对其提供资金、技术、政策等方面的支持;另一方面,应改变我国现今对非营利组织实行双重管理、过多介入的管理办法,政府只负责协助和指导,将权力充分下放

给各非营利组织,这样才能更多地发挥社会的力量,为我国公众提供更多的公共休闲服务。

5.2.4 细化公共休闲服务产品,优化我国公共休闲服务供给的具体方式

将各类公共休闲产品分类细化,根据各类产品性质确定其对应供给方式。在确定某类服务的具体供给方式时,应注意以下几点:①政府不可能包揽所有的公共休闲服务,对于那些纯公共产品或具有较大正外部性的半公共产品[16],为避免市场失灵,体现其公平和福利性,政府应加大投资,通过直接提供、延伸提供、或不同政府部门相互合作等方式提供;②对于一些非竞争性、非排他性、较大正外部性的半公共休闲服务产品,除了政府安排的方式外,根据具体服务的不同,政府还可以通过补贴、提供指导等方式交由商业部门或非营利部门提供或共同提供[16],这样既可以减轻政府的负担,又能保证服务的专业性;③对其他的公共休闲服务,可根据服务的不同,通过合同、特许经营、租赁等具体方式灵活把握,以保证服务的质量;④对目前我国公共休闲供给明显不足、供需不平衡的现状而言,除了积极发挥社会力量,适当运用市场力量之外,最重要的是应加大政府对公共休闲服务的投入力度,努力完善各类基础设施建设、增加其他休闲设施的建设等。

参考文献

[1]范钰娟.休闲服务政府供给的对策研究[D].南昌:南昌大学,2008.

[2]华春媛.杭州公共休闲服务体系建设初探——以政府供给为视角[J].经济研究导刊,2011(23):228-229.

[3]伍先福.我国政府在休闲服务供给中的角色定位[J].经济地理,2013,33(6):98-102.

[4]宋瑞.英国休闲发展的公共管理及其启示[J].杭州师范学院学报(社会科学版),2006(5):46-51.

[5]可妍.休闲服务供给的中外比较研究[D].北京:北京第二外国语学院,2006.

[6]吴承忠.国外休闲经济发展与公共管理[M].北京:人民出版社,2008.

[7]盛小芳.休闲公共供给的发展历程及启示:以英国为例[J].湖南商学院学报,2013,20(3):103-107.

[8]杰弗瑞·戈比.你生命中的休闲(4版)[M].康等,译.田松,校译.昆明:云南人民出版社,2000.

[9] 杰弗瑞.戈比.21世纪的休闲与休闲服务[M].张春波,陈定家,刘风华,译,马惠娣,校译.昆明:云南人民出版社,2000.

[10] 杰弗瑞.戈比.走向21世纪中叶的休闲与休闲服务[M].马惠娣,译.北京:中国经济出版社,2009.

[11] 克里斯多弗·R.埃廷顿,等.休闲与生活满意度[M].杜永明,译.北京:中国经济出版社,2009.

[12] 麦克林,赫德.现代社会游憩与休闲[M].罗杰斯,梁春媚,译.北京:中国旅游出版社,2010.

[13] 奥萨利文,等.休闲与游憩:一个多层级的供递系统[M].张梦主,译.北京:中国旅游出版社,2010:150-154.

[14] 维尔.休闲和旅游供给:政策与规划[M].李天元,徐虹,译.北京:中国旅游出版社,2010.

[15] 乔治·托可尔岑.休闲与游憩管理[M].田里,董建新,曾萍,等译.重庆:重庆大学出版社,2010:124-125.

[16] 卿前龙.休闲服务的经济学分析[D].广州:华南师范大学,2005.

[17] 王泽和.休闲产品供给模式的经济学分析[J].生产力研究,2006,(4):16-17.

[18] 王婉飞.休闲管理[M].杭州:浙江大学出版社,2009.

[19] 吕宁.城市公共休闲服务与管理标准体系框架研究[J].生产力研究,2011(4):94-96.

[20] 郝赪.城市公共休闲服务标准化研究[D].北京:中央民族大学,2011.

[21] 朱群英.老年休闲行为研究及对休闲供给的启示——以杭州市为例[D].杭州:浙江工商大学,2008.

[22] 朱寒笑,苗大培.公共服务型政府的打造与体育休闲政策的导向[J].北京体育大学学报,2008,31(10):1309-1311.

[23] 王波,胡伟涛.城市休闲体育公共服务体系的构建与实施策略[J].吉林体育学院学报,2012,28(6):40-43.

[24] 苏晓梦,王华.休闲经济背景下的桂林城市公园公共服务体系构建[J].区域经济,2012,11(5):64-66.

[25] 黄丽娜.休闲教育与高校图书馆休闲服务的开发[J].河南科技,2013(2):243-244.

[26] 莱昂·狄骥. 公法的变迁[M]. 郑戈, 译. 北京: 中国法制出版社, 2010. 33-60.

[27] 马庆钰. 关于"公共服务"的解读[J]. 中国行政管理, 2005(2): 78-82.

[28] 靳永翥. 公共服务及相关概念辨析[J]. 中共贵州省委党校学报, 2007(1): 62-64.

[29] 杨颖. 公共服务的概念、分类及供给主体创新研究[C]//第七届中国科技政策与管理学术年会论文集, 2011.

[30] 何建民. 城市休闲产业与产品的发展导向研究——基于休闲需求结构与行为的分析[J]. 旅游学刊, 2008, 23(7): 13-17.

[31] GB/T 28002—2011, 城市公共休闲服务与管理导则[S]. 北京: 中国标准出版社, 2011.

[32] GB/T 28001—2011, 城市公共休闲服务与管理基础术语[S]. 北京: 中国标准出版社, 2011.

[33] 高军波, 苏华. 西方城市公共服务设施供给研究进展及对我国启示[J]. 热带地理, 2010, 30(1): 8-12.

[34] 徐霞. 西方公共服务供给模式的演变及启示[J]. 安徽商贸职业技术学院学报, 2009, 8(29): 20-22.

[35] 徐明春, 赵丽华. 西方国家公共服务供给模式的市场化改革及其启示[J]. 山东经济, 2007(4): 25-27.

[36] 刘晓苏. 国外公共服务供给模式及其对我国的启示[J]. 长白学刊, 2008(6): 38-41.

中美城市公园比较研究

——以重庆、深圳、香港、美国卡城为例

重庆理工大学　张仁军　康文肖　惠红　刘聪

【摘　要】近年来国内城市公园建设发展迅速,但是仍然与国际先进国家和地区存在较大差距。通过对重庆、深圳、香港、美国卡城城市公园进行对比发现,国内公园目前存在的问题主要表现在:空间分布不均,难以体现社会服务均等化要求;过于强调管理职能,忽视了服务职能;休闲功能重视不够;公益性不强。

【关键词】中国和美国　城市公园　比较研究

1　前言

中国城市管理者已经逐渐认识到,城市公园这一最重要的城市休闲空间,不但是城市形象的重要载体,也是提高城市生活质量、提高城市治理水平的重要依托。近年来,中国各大城市的城市公园建设如火如荼,取得了显著成绩。但是,城市公园建设目前也存在一些问题,比如规划设计与管理过于考虑城市形象,对休闲生活理解不够,对社区居民生活需求理解不足等问题,导致城市公园管理、规划建设等都出现一些硬伤。本文选择了我国两个内地城市(重庆、深圳)、我国香港地区、美国卡城(College Station),在实地体验与调研基础上,对相关规章制度进行对比研究,希望发现中国内地城市、沿海开放城市与城市公园建设成熟地区与其他国家或地区(我国香港地区和美国)城市公园之间的差距,发现我国特别是我国内地城市公园管理制度存在的问题,提出改进的方向。

2　重庆、深圳、香港、美国卡城城市公园建设概况

重庆城市公园主要包括综合性公园、社区公园、专类园等类型。重庆城市公园建设近年来取得巨大成效,公园建设提速明显。目前重庆城市公园(包括社区公园)约为380个,平均每万人拥有公园数量为0.5个。

深圳是国内城市公园建设水平领先的城市,1984年至1996年,随着深圳特区建设由深南大道往福田、南山方向推进,城市公园的框架现已基本形成。2000年前后,深圳将大型的连绵山体建成森林郊野公园,2002至2005年,通过"公园建设年"项目推进了大批社区公园的建设。目前深圳已确立了"出门0.5km有社区公园、5km有综合公园、15km有森林(郊野)公园"的基本公园布局[1],截至2012年,深圳共有城市公园789个,平均万人拥有公园数量为0.7个。

香港是一个繁华的国际化大都市,总面积1068平方千米,有近700万居民和近300万流动人口。郊野有12个面积较大的公园,在港岛闹市区有维多利亚公园、香港公园、香港动植物公园、湾仔公园。此外,在港岛和九龙路边、住宅区等地也常常可以看见一片片绿地[2]。分布着大大小小的社区公园或花园,截至2013年,香港共有大型公园26座,社区公园、花园、儿童游乐场乐园2199处,平均每万人拥有2.2个公园。

美国卡城(College Station),又称为"大学城"或"学院站",是美国德克萨斯州布拉索斯县的一个城市,位于德州中部。面积64.84平方公里,2000年人口为67 890人[3]。根据美国卡城官方公布的国家公园数据,该市共计43个城市公园或社区公园,平均每万人拥有公园6.4个。

3 城市公园数量与分布比较

比较重庆、深圳、香港、卡城人均公园数量(见图1),可以发现这些城市人均公园数量有较大差距。

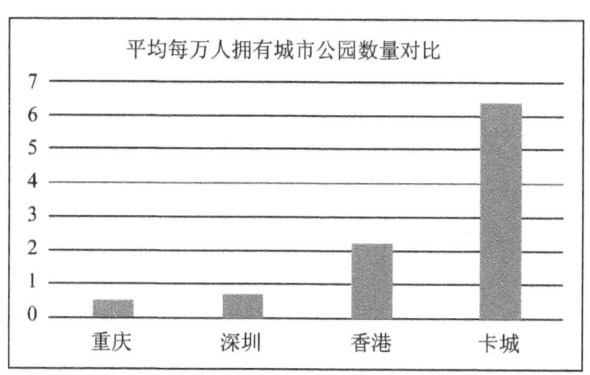

图1 四城市每万人拥有城市公园数量对比

---

[1] 叶丽敏. 探讨深圳城市公园存在的不足与发展[J]. 广东园林, 2012, 34(5): 67-71.
[2] 孟醒. 浅析香港城市空间绿化特征[J]. 广东园林, 2012, 34(5): 45-48.
[3] 卡城政府网站. College Station city, Texas – Fact Sheet – American FactFinder.

为比较4个城市公园分布,从 Google map 中选取重庆、深圳、香港、美国卡城具有代表性的区域,按照同等比例尺,截取图2、图3、图4、图5。

图2　重庆典型地区城市公园分布

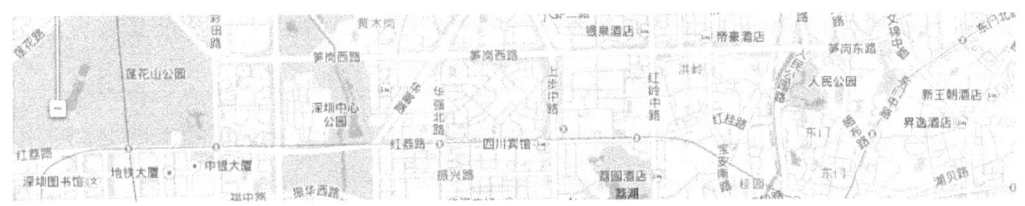

图3　深圳典型地区城市公园分布

图4　香港典型地区城市公园分布

图5　美国卡城典型地区城市公园分布

由图2、图3、图4、图5比较发现,从城市公园分布均匀性来看,香港、卡城分布较平均,深圳公园单体面积较大,这些单体较大的公园承担了社区休闲的功能,重庆公园分布极不平均。

我国内地公园分布不均主要有以下原因:第一,城市公园建设近年来才在我国内地得到重视,由于城区改造难度大,自然就会选取一些以前是空地的地方建设公园,如重庆城区有很多高压电线塔下建成的公园;第二,城市公园在我国内地很多城市承担了城市形象展示的功能,从而造成某些城市公园单体面积大,但分布不均的问题;第三,基础服务设施均等化的思想在我国内地也是近年才提出的,以前的城市公园选址容易出现分布不均问题。

4 管理机构比较

表1 四城市管理机构对比

城市	管理机构名称	上级部门	职责描述
重庆	公园处	重庆市政府、区县政府下属的市政园林局	园林绿化及城市公园管理
深圳	公园管理中心	深圳市政府、区县政府下属的城市管理局	城市公园规划,建设及管理
香港	香港康乐及文化事务署	香港特别行政区民政事务局	提供文化、康乐相关服务;保护文化遗产;广植树木,美化环境,应急功能
卡城	美国卡城休闲游憩部门	卡城市政府	为各类市民提供便利的、多种多样的休闲设施和休闲服务,应急管理与灾害预防规划、协调、回应与恢复

重庆城市公园仍采用国内多数城市的传统管理架构,公园分属市级、区县级,相应的管理机构是市政园林局下属单位公园管理处。重庆与深圳都将公园管理作为城市设施管理的一个职能。

美国卡城与美国其他城市一样,均由直属于市政府的休闲游憩管理部门(Recreation Department)对城市的公园及游憩活动进行综合管理。而香港的公园则与运动设施及场馆、图书馆、大型活动等同时隶属于康乐事务部管理,而康乐事务部则归属民政事务局。

对比可发现,从职能上看,美国及香港的游憩或康乐部门将为市民提供休闲或康乐服务视为最重要的职能,特别是美国各城市,由市政府下属的休闲游憩部门直接管理公园,以提供休闲服务为公园核心功能。

由于卡城的游憩管理部门的职能就是为市民提供休闲服务,当然提供丰富多彩的活动也是必需的,因此卡城每年要为五万多市民提供600多个项目的大型活动。香港则是致力于运动与文化项目的开展,为家庭、老年人及青少年开展各种健身娱乐活动,以及大型文艺与体育赛事。

从职能描述来看,重庆乃至深圳都强调公园的绿化作用,而香港、卡城则强调公园的休闲功能的实现。同样,香港与卡城的公园都承担了应急管理、防灾救灾的功能。

5 经费比较

5.1 建设资金来源比较

美国的公园建设与城市化是同步进行的,而且公园建设资金来源有保障。和美国多数城市一样,卡城通过发行公园债券来募集建设资金。公园在建设前处在市区的外围,地价较低。经过十几年的建设,环境改善带动了周围地价上涨。上涨的差价所造成的利润,政府通过房地产税进行回收。

香港公园建设资金则全部来源于公共财政。而这些公共财政的投入,同样可通过房产税得到部分回收。

重庆、深圳的城市公园建设大都依靠政府拨款修建,但由于各城市的发展状况与财政条件等不同,有的城市公园建设支出极为紧张,也会采用BOT的模式,由房地产开发商建设城市公园,城市从土地政策等方面给房地产商以补贴。

5.2 运营资金比较

美国的游憩管理部门需要组织丰富的活动为市民提供休闲服务,每年给超过200个活动项目提供大约600万美元的经费预算;美国除各州的财政拨款外,土地与水保护基金(Land and water conservation fund)将为各州的户外休闲活动提供政府财政拨款以及私人投资等的补充。但其前提是各州必须做出非常详尽合理的户外休闲规划。

香港城市公园运行费用来源多样,既有公共财政投入,公园又可以根据活动的性质、按照相关规定,决定是否收取活动主办方费用。香港的城市公园或运动场地附近有约170多个餐饮零售店,这些小店都是通过公开招标进入经营,所得的租金也都全部上缴政府财政。再如湿地公园,则通过为动漫形象做广告(如麦兜、蜡笔小新等)获取了每年几千万港元的公园收益(2011年)。

深圳、重庆的园林局等每年都有相应的公园活动的运作经费,但这些经费主要用于公园设施维护和人员工资。另外,一些休闲设施被出租用于商业经营,获得的收益也有相当部分可投入于公园的日常运营。但休闲设施的商业经营实际上与公园的公益性相违背,近年来广受质疑。

6 休闲设施管理比较

美国卡城有52个公园,占地面积为1327.91英亩,管理着运动场地和设施、游戏场地、池塘、游泳池、会议中心、娱乐中心、青少年中心、草丛间小径、一个户外露天剧场和可以租赁的设备。大部分运动场地都是免费的,即使收费其费用也极为低廉。与卡城类似,香港也以免费或低廉费用为市民提供多种休闲设施。香港在公园外另设大量免费以及收费的球场,部分球场更可用于大型社区活动,运动设施丰富而便利。由于需要服务的市民很多,网上都可以便利地申请付费或免费的运动场馆,如需组织大型活动,也可在网上进行申请。

便利了市民康乐福利。而国内目前的公园的公益性较差,提供的免费运动场所很少,申请活动项目等也不方便,因此不利于市民的运动休闲活动的开展。

重庆与深圳公园由于强调公园的绿化功能,休闲设施相对较简单,主要包括慢跑或散步小径、休息的亭子、桌凳等,很多公园也会提供运动以及其他休闲设施,但这些设施大都需要收费,且收费的休闲设施以商业运营为主,其费用几乎不体现公益性质。例如,深圳的公园内有运动场馆,但免费时段仅仅在早上7~9点的上班高峰时段。重庆仅仅有极个别的公园提供如户外羽毛球场等免费运动设施,但设施也极为简陋。

7 空间规划比较

一直以来,以社区公园等为主要载体的休闲空间规划,在美国、香港都得到高度重视,并有专门的立法进行保障。

美国卡城的社区公园需要遵循对休闲空间规划进行了立法,所有的规划必须参照德州户外休闲计划来进行。规划需要针对社区,社区的每一个类型居民、家庭都是休闲空间规划不能忽视的群体。图6是卡城bee park的卫星照片,这是一个典型的美国式社区公园,社区公园并没有过分强调绿树成荫,更主要强调休闲功能。

图 6 美国卡城 Bee Park 卫星影像图

香港与休闲空间规划相关的法律为《郊野公园条例》、《海岸公园条例》与《香港规划标准与准则》等。

《香港规划标准与准则》则对运动设施的数量等进行了明确的规定,例如每八千人一个市内羽毛球场,每 20~25 万人一个田径场地,每 5000 人一个 400 平方米的儿童游乐场(见图 7)。

图 7 香港 YMCA King's 公园

建设部1993年发布了《公园设计规范》,《规范》规定公园设计必须满足游人游憩需要,将公园定位于游览观光的功能,《规范》对社区公园有部分要求,但对休闲功能的重视不够,仅强调居住区公园和居住小区游园,必须设置儿童游戏设施,同时应照顾老人的游憩需要,忽略了普通市民的日常休闲需求。重庆、深圳的多数公园以《公园设计规范》为指导,规划设计中普遍存在对公园休闲功能重视不足,休闲设施配备欠缺等问题。

8 结论与建议

通过比较四个城市公园建设及其制度体系可以发现,国内公园建设主要存在以下问题:空间分布不均,难以体现社会服务均等化要求;过于强调管理职能,忽视了服务职能;休闲功能重视不够;公益性不强。

中国城市建设者应当重新审视城市公园,真正认识到休闲功能是城市公园的核心功能,城市公园必须完善其休闲职能,为市民提供更好的休闲生活。

休闲文化与英国"集体发明"的起源

王程韡[①]

(清华大学社会科学学院,北京,100084)

【摘　要】英国近代史的最新研究表明,"集体发明"是使工业革命能够在英国迅速发展的关键力量。然而在知识产权体系已初步形成且有着长久个人主义传统的情况下,社会中的集体性如何产生便成为了一个历史性的难题。本文从农业革命和工业革命的关系入手,首先否定了"集体发明"源自一般"精英"主导式创新扩散的可能。相反从社会惯习的角度探究了以啤酒馆为载体的休闲生活如何填补了宗教改革后社会交往的空白,进而产生了超越阶级、地域和宗族的集体性。最后亦强调了这种生产的集体性能够通过生活文化萌生,还离不开宗教改革对传统家庭组织模式的冲击。可以认为当时淡漠的家庭关系同时构成了英国个人主义和集体主义的社会基础,这也是中国的茶馆并没有衍生出"集体发明"的原因。

【关键词】集体发明　啤酒馆　休闲文化　家庭关系　宗教改革

发展是人类社会永恒的主题。在人类发展的历程当中,工业革命又总是其中永远值得关注又有待揭秘的一笔。事实上关于工业革命为什么首先发生在英国,一直有着特定的社会结构、法律制度、产权观念、科技水平、传统文化等诸多解释。近来关于英国特殊性的研究却返璞归真般地更加关注了供求关系及其背后特殊的经济理性。如英国史学家科尔曼(Coleman, D. C.)指出的,1650 至 1750 年间,生产的迅速发展和人口增

[①] 作者简介:王程韡(1982 年 -),男,吉林省公主岭人,清华大学社会科学学院科学技术与社会研究所讲师,中国科学院学部—清华大学协同发展研究中心主任助理;研究方向为科技的社会研究理论、技术治理与比较科技政策。E - mail:chengwei. thu@ gmail. com。
基金项目:国家自然科学基金青年项目"政策学习、政策试验与政策创新:基于二维多源流演化模型的理论与实证"(71103105);清华大学文化传承创新基金"科技与社会相互建构的机制和问题研究:中国案例与国际比较"(2012WHYX007)。

长的缓慢造成了对劳动力十分有利的经济形势。在这 100 年中,英国的消费品价格下跌,而工人工资却有了增长。1650～1749 年,小麦价格下跌 33%,工业品价格下跌 29%,而建筑行业工人实际工资却提高了 33%,其他行业工人实际工资也多有增长,包括农业雇工收入的增长。劳动力成本增加,"缺乏人手的抱怨到处都听到,要求投资于技术发明创造以节省劳动力,增加生产效率的呼声相应提高"[1]。对此,经济史学家艾伦(Allen Robert C.)也进一步指出,工业革命前英国的劳动力成本已经相当高昂,相比之下煤炭等能源的价格却相对低廉,这使得种种让以节省劳动力为主要特色的新技术在经济上变得可行。其中正是蒸汽机等行业中大量出现的"集体发明"活动,成为了降低研发和推广成本的关键[2,3]。

然而 1710 年英国已经颁布了标志着知识产权法律诞生的《安妮女王法》(Statute of Anne)①。到了 18 世纪下半叶,无形资产已经被广泛地接受为财产保护的一种合法对象[4]。就连著名的"蒸汽机之父"瓦特本人,也阻挠其他一些非自己专利的蒸汽机的发明与推广;甚至"为了保护自己的专利权,到了不择手段的地步"②[3]。而且从世界国家的谱系来看,英国是典型的"个人主义"国家[5,6]。甚至这种传统要追溯到 13 世纪,英国在广泛的土地私有制的基础上就存在相当程度的个人自由和流动性[7]。从上述意义上讲,英国"集体发明"的实践是缺乏相应的社会和文化土壤的。那么艾伦口中的这个工业革命的关键点又是如何实现的呢?

1. 农耕技术的"精英"主导式扩散

如果赋予艾伦的学说以社会学的解释便是,工业革命中一系列"集体发明"的传统源自于一种社会惯习的延续。比如在工业革命前,英国的农业改良主义者就通常以绅

---

① 人们一般将现代专利法的起源追溯到英国 1623 年《垄断法》。但实际上,其只是当时限制王权的立法成果之一,而非规范发明人专利权益的法律。参见:杨利华. 2010. 英国《垄断法》与现代专利法的关系探析[J]. 知识产权,(04):77-83.

② 瓦特于 1769 年申请了分离式冷凝器的专利。从 1780 年左右,瓦特开始采取措施,对一些听说到的别人的主意预先提请专利,以保证蒸汽机的整体发明属于自己并防止其他人介入。瓦特在 1784 年 8 月 17 日给其经济合伙人马修·博尔顿(Matthew Boulton)的一封信中说道:"我对于轮盘支架的描述是我在允许的时间与场地条件下能做得最好的情况;但是它本身还有很大缺陷,我这样做的目的只是为了防止其他人获取类似的专利。"此外,瓦特不允许其雇员威廉·默多克(William Murdoch)参与其高压蒸汽机的研制,从而推延了该项发明的产生。瓦特还与博尔顿一起压制其他一些工程师的工作,如乔纳森·霍恩布劳尔(Jonathan Hornblower)在 1781 年发明了另外一种蒸汽引擎,但是因被诉侵犯了瓦特的专利而失败。瓦特在 1781 年申报的"太阳与行星"曲杆齿轮联动装置的专利,在 1784 年申报的一项蒸汽机专利,都有很强的证据显示是由其手下的工程师威廉·默多克发明。瓦特在 1782 年 1 月 3 日给博尔顿的一封信中提到该项发明的产生时说道:"我试验了一个圆周运转的引擎模型,它是由威廉·默多克在我原有的计划上重新提出并实现的。"但威廉·默多克本人从未对这项专利的所有权提出过异议,他一生都工作于博尔顿与瓦特的公司,并在瓦特退休后被吸收为合伙人之一。

士阶层为主体①,逐渐形成了一个独特的社交圈子。在圈子中,他们用不同的方法在不同的地区同时进行农业试验,并将试验的方法与结果写信报告给"精英"领导哈特利布(Hartlib Samuel,17世纪英国著名的教育家和农业改革家)。哈特利布会择取一些反映试验结果的通信内容公开结集出版,也会在同圈子内部成员的通信往来中传达另外一些未经公开发布的试验信息。这样一来,该圈子内部的成员就可以相互借鉴他人的试验成果,改进试验的成效,最终实现了"农业革命"②。事实上在房屋建造领域也是如此,正因为很多技术解决方案无法享有专利保护,所以只好拿造价昂贵的商业性建筑来进行试验。而为了降低试验成本也必须借助这种可以相互学习和借鉴的"集体发明"[3]。

由于并没有详细地说明这种社交圈子的交互机制,从很大程度上讲,艾伦还是将新技术的推广问题理解为一般的"精英"主导式的创新扩散问题。即认为一种典型的解释是部分人会比另一部分人思想更开放、更愿意采纳创新,因而创新扩散的传播过程可以用一条"S"形曲线来描述[8]。事实上,这样一种观点在史学界是相当普遍的。

众所周知,英国传统农耕业遵循一套固定的"三年轮种制"。也就是全村耕地一分为三,即冬季小麦田、春季大麦(或豆子)田和休耕田,三年一个轮种循环。而休耕必然导致1/3的土地没有粮食收成。这就是英国传统农业耕作制度的最大缺陷,粮食产量增长缓慢的原因所在。直到工业革命前夕,"三年轮种制"仍是英国的"唯一通行的制度"[9]。提高粮食产量的原始方法是扩大土地耕种的面积,然而,时至1560年,英国的肥沃耕地基本上已被利用,虽有大部肥沃的沼泽地和水草地存在,却因劳动力和排水系统等问题未能将它们改造成良田。一直到荷兰人"围海造田"的实践取得了巨大的成功,英国人才开始照猫画虎般地高薪聘请荷兰工程师到英国来指导沼泽地区的排水工作[3]。然而即便是加上沼泽地区的土地扩充,土地资源的扩张始终还是有限的。很多历史学家认同:16世纪及其以后,英格兰的农业生产效率之所以能够和其他国家明显拉开了距离[10],得益于东部地区的农场主找到了一些有效利用休耕地的方法。其中最

---

① 需要指出的是,在英国绅士并不是贵族阶层。这从一张《1688年英格兰各类家庭统计表》中的区分和排列也可见一斑:世俗贵族(Temporal Lords)、僧侣贵族(Spiritual Lords)、准男爵(Baronets)、骑士(knights)、乡绅(Esquires)和绅士(Gentlemen)。参见:侯建新. 英国的骑士、乡绅和绅士都不是贵族[J]. 历史教学,1988(03):32-34. 英国大哲学家、世袭贵族罗素(Russell, Bertrand)也曾指出:"绅士观念是贵族发明出来让中产阶级循规蹈矩的。"

② 马克思在《资本论》中多次使用"农业革命"一词,其含义主要是指圈地运动引起的土地关系的变革。同时马克思也指出,随着土地所有权关系变革而来的耕作方法的改进、协作的扩大、生产资料的积聚等,推动了农业生产的发展。本文主要是强调农耕技术改良的方面,特说明。参见:马克思《资本论》(第一卷),人民出版社1975年版,第791、795、811-812、814页。

普遍也影响最大的一种,便是利用休耕地种植萝卜和豆科植物两种新作物。萝卜本是16世纪初从荷兰引进的一种花园蔬菜,最初只在农民宅后的菜园种植。然而将萝卜引入休耕地以后,一方面可以控制野草的生长,产出的萝卜本身也能作为牲畜的饲料。相比之下,三叶草、驴喜豆、紫苜蓿等豆科植物则能够通过"固氮"的方式增加土壤肥力、促进植物茎秆生长,同样亦能作为牲畜的饲料。更为重要的是,一种新的轮作制应运而生——豆子与大麦夹种,萝卜种在两季粮食之间,休耕地被充分利用起来,土壤的肥力也得以保持。这种小麦、萝卜、大麦和豆子连续轮种的方式,终被总结下来称作"诺福克轮作制"[11]①。

很长一段时间,"诺福克轮作制"的发明都归功到领主汤逊德等"精英"的头上。如《英国农业古今论》(English farming, past and present)认为,"1730年汤逊德爵士退出政治生涯,回归故里。从此他在诺福克郡雷音汉村全身心投入农业的改良事业,把他在国外见到的农业耕种技术如种植萝卜和豆子的方法在自营地上进行实验……由于汤逊德热心宣传种植萝卜、提倡改良农业,人们给他取了一个'萝卜汤逊德'的绰号"[12]。且不说后据史学家考证,萝卜引入到汤逊德家的地产上种植时,他还只是一个小男孩,根本没有能力搞发明[13]。熊彼特的经济发展理论告诉我们,任何一种创新要打破原有的循环流转从而形成"新组合"都要大量的耗费资源并伴随风险[14]。就连哈特利布也由于大搞农业试验花光了所有的积蓄,终死于贫困②。显然,只靠某些先知先觉的农业"精英""热心宣传种植萝卜、提倡改良农业"是远远不够的。

毕竟农场主对新的生产技术也需要一个从认识、了解到采纳、实践的过程,这正是诺福克轮作制在早期未能迅速提高农业生产率的原因。同时个人的经济理性也决定了,当创新面临较大风险且没有(知识产权等)制度保护时,甘当跟随者的"搭便车"策略永远都是一个优势策略。事实上诺福克和塞福克两郡的财产登记册揭示,农民认识豆科作物的种植有利于增加土壤的肥效是一个逐渐的过程,以种豆子取代休耕的做法又花了整整几十年的时间才被采纳[11]。对此,霍默(Homer,1766)③也严厉地指出,"要

---

① 1523年,菲茨赫伯特在他的《农书》中描述了此耕作法。具体做法是将一块农田依次轮种了粮食及豆科植物之后,休耕一年,然后改为草场,种植牧草,待地力彻底恢复之后,再种植粮食及其他作物若干年,地力耗尽后,再种植牧草,如此反复轮换耕作。参见:ThirskJoan:The Agrarian history of England and Wales. Vol. 4. London:Cambridge University Press,1967,p. 178.

② 参见:Jardine,Lisa. 2002. Onagranderscale:TheoutstandingcareerofSirChristopherWren. London:HarperCollins:88.

③ 参见:Homer, HenrySacheverell. 1766. Anessayonthenatureandmethodofascertainingthespecificksharesofproprietorsupontheinclosureofcommonfields. . . . Oxford;andsoldbyT. Payne;andJ. Fletcher, London, PrintedforS. Parker.

使各位土地所有者就改良耕作方式达成普遍共识,是一件极难办到的事,特别是在涉及众多土地所有者的权益时,就更加棘手;如果出现这种情况,那么要在那些公地上进行改良耕作方式的尝试就不会得到全体当事人的积极配合"。研究农业史的学者也发现,极少有证据能证明大地产所有者即所谓的"精英"会愿意将自家的土地贡献出来进行农业驯化试验[15]。

如果说工业革命离不开农业革命,那么从农业革命中寻找"集体发明"社会惯习形成的思路无疑是正确的。可惜的是这一步走得还是不够远,以至于这种集体性还是要在宏观上被解读成某些"精英"所主导的创新扩散。在微观基础上特别是经济理性的作用之下,"集体"行为可能根本都是不存在的。从逻辑推演的情况来看,由于农业革命必然"涵盖了技术、经济和发展的社会方面"[16],我们才必须到农业革命之前的其他"革命"中去寻找可以使得圈子内部知识和信息自由流转的这种"集体发明"的关键[17]。事实上韦伯命题所要说明的,也正是作为新教伦理的天职观和勤俭观为后来资本主义的发展做好了意义建构(sensemaking)上的准备[18]。

2. 休闲生活的形式及其社会功能

鉴于"摄取营养作为一种生物过程,比之性活动更为根本。在有机个体的生命过程中,它是一种更为基本、周而复始得更快的需求;相较于其他生理机能,从更为广泛的人类社会的角度来说,它更能决定社会群体的特性,以及其所采取的活动方式。"[19]同时由于早有诗云,"啤酒花、宗教改革、鲤鱼和啤酒,同一年抵达英格兰。"①,作为探寻英国"集体发明"社会起源的开始,这里拟从饮酒这种休闲生活的形式入手打开剖析这种"集体"惯习建构的突破口。

啤酒在人类历史上至少有7000年存在的历史。而在中世纪欧洲特别是14世纪以后,英国较富裕的农民还可以定期喝到啤酒。啤酒通常被认为比浓啤酒更有益于健康(甚至曾一度用作治疗疾病)。在较富裕农户很慷慨的赡养协议中都会提到啤酒的消费项目[20]。进入15世纪,酒的消费成为大众饮食的一部分,农民可以定期喝到啤酒,

---

① 中世纪英国的啤酒不加酒花,由发酵的麦芽、水和香料制作而成(由大麦混合了燕麦麦芽制成的啤酒比只用大麦麦芽制出的啤酒要好得多),这种酒被称为"麦芽酒"(ale),但为了表述方便本文中统称啤酒。啤酒花于15世纪引进英国(也有说16世纪初)。加了啤酒花的酒带有啤酒的苦味和酒花香味,颜色清亮,不容易变质,很受消费者欢迎。这种酒才是近现代意义上的啤酒"beer"。啤酒花还可以使麦芽的出酒率大大提高,也正因如此啤酒才成为底层市民也消费得起的食物。参见:Bretherton, R. F. 1931. "CountryInnsandAlehouses." InEnglishmenatrestandplay; somephasesofEnglishleisure,1558-1714, editedbyReginaldLennard. Oxford, ClarendonPress: 168-169. 转引自:向荣. 2005. 啤酒馆问题与近代早期英国文化和价值观念的冲突[J]. 世界历史,(05):23-32+143.

村庄永久性的啤酒馆也已相当普遍[21]。但在中世纪晚期,一般只有穷人被赋予开啤酒馆的权利(这是帮助他们摆脱贫困的一种方式)[22]。啤酒售卖更多是以村社慈善活动为目的的,有济贫啤酒会、婚姻啤酒会和教会啤酒会[23]。

到了16世纪末和17世纪初,英国的啤酒馆数量猛增。1636年,仅在外省地区的啤酒馆就多达25 000到26 000家[24]。甚至到了1657年时,啤酒馆的数量如此之多,以至于"市区每16户人家中就有一家拥有执照的啤酒馆,贫困地区的比例甚至达到了1∶6或1∶7,郊区中的啤酒馆更多,它的增速如此之快,以至于几乎失去了控制"[25]。由于大多数啤酒馆位于城郊,因此它是贫困者"初次城镇联系"和"可能了解就业"的场所[26]。啤酒还有麻醉功效,可以使穷人忘记饥饿和烦恼。一位当时人说:啤酒"抚慰沉重和烦躁的心;它能使寡妇破涕为笑,忘却失去丈夫的悲伤……它使饥者饱,寒者暖"①。17世纪后半叶时,啤酒馆已经取代教区教堂成为了家和工作地点以外的同时承载了男人和女人社会促进(social facilitation)和欢宴等社交活动的"第三场所"[27]。比如在被诸多啤酒的社会史研究者所引述的《罗杰·洛日记》(The diary of Roger Lowe)中,洛在170次饮酒的记录中只有十二三次没有提到饮酒的同伴。特别在第十三次中,洛还用他"和罗杰·洛一起去了啤酒馆"的说法特意调侃了独自去啤酒馆这种不太体面的行为。同时需要注意到的是,他除了提到129个有名字的酒友,也提到曾借欢送会等社交场合和那些不知道姓名的人,如"年轻人"(young folk)、"冷冰冰先生的仆人"(Mr. Sorrowcold's servants)、"雷恩福德来客"(the men from Rainford)以及"阿什福德的市民"(the town's men of Ashford)等人,而且通过一种长久的饮酒社交在增进同性的友谊和团结以外(当然他也提及曾和24个女人共同饮酒),洛的酒友其实也有着一定的变化——这些人显然已经超越了地域和阶级的界限,也超越了传统意义上以个人为中心的"圈子"本身。其实作为一个社交平台,啤酒馆还是留言、新闻和政治观点的集散地。当时几乎每个人都叫得出起码一个地方酒馆的名字,毕竟在那里可以听到来自首都伦敦的最新消息[24]。

从本质上讲,啤酒馆的蓬勃发展也与新教的兴起有关。却并不像资本主义精神一样,受到了新教伦理的"正面影响"。在宗教改革以前,普通市民最容易接触到啤酒的场所便是教堂②。由于在当时宗教生活和世俗生活尚未区分,啤酒常被教区的教堂用

---

① 参见:Thomas, Keith. 1971. Religionandthedeclineofmagic. NewYork,Scribner:23. 转引同上。
② 当时啤酒酿造主要在修道院或家庭中完成,事实上很多神职人员就是酿酒师。参见:Unger, Richard W. 2004. Beer in the Middle Ages and the Renaissance, Univ of Pennsylvania Press。

来增加村庄的社区意识[28]。当时那种特殊的社会关系被称作"睦邻"（neighbourliness），即同一村庄的居民、同一行会的成员或同一堂区的教民之间习惯形成的友好互助关系。它通常以集体活动的方式，如节日庆典表现出来（当然每次活动之后都免不了发放一杯啤酒作为奖励）。然而宗教改革摧毁了社群和个人赖以慰藉和生命象征意义的社会和心理支持[29]。新教徒强调《圣经》的重要性超过宗教仪式，信仰超过"基督的爱"，因此也对睦邻文化产生了巨大冲击。在失去教会的支持和保护之后，人们现实的社交需求使得"睦邻"活动逐渐转移到啤酒馆。就连公共娱乐活动，如跳舞、射箭、踢足球等也改在啤酒馆进行。甚至很多市民已经"习惯于在领受圣餐后从教堂直接去啤酒馆，他们在那里一起饮酒，以示教友之爱和朋友之情"[30]。这种新的社交形式的出现，其实也昭示着英国宗教生活和世俗生活的分离。饮食的仪式性功能也似乎仅仅被保存在了家庭的餐桌之上①，用以"维持家庭成员间的和睦"。故而，尽管当时的道德和宗教将醉酒看作是一种恶，但像洛一般的小酌还是被容许的。实际上，洛本人有着深厚的长老会信仰②。在他的日记中，也时常记载着那种强烈的宗教感觉，比如几次跑到农村在田边的沟渠旁向上帝祷告——但却不是为了饮酒的宽恕[27]。

然而，啤酒馆并不单纯是宗教生活向世俗生活的替代和延伸。它不仅向客人提供曾经由教堂提供的服务，如婚礼、守灵、庆祝、游戏等活动，还给它的客人一种似家非家的感觉，从而最终超越"第三场所"而实现一种新社会秩序和和谐的维系[25, 31]。对于那些无家可归的人而言，啤酒馆以极低的价格提供了房屋等基础设施，以及陪伴甚至家的感觉。相反，那些想要逃离女性对家庭的束缚尤其是家庭义务的男人也能在此得到慰藉[27]。在伦敦的一些大的啤酒馆里，桌子与桌子之间被隔开并且互相看不到彼此。从这个意义上讲正是因为啤酒馆是高度集体化和社会化的，从而才可以容纳一个与外界（社会阶层和社会联系）隔绝的自由的"自我"[32]。

后来当啤酒的价格不断上升时，茶便成为一切感到啤酒太贵的人的日常饮料，最穷的人宁喝不加糖的茶也不喝啤酒[9]。事实上自17世纪60年代以后，啤酒馆的数量也因为茶和咖啡的广泛流行而不再增加。甚至从17世纪末到18世纪末，英国"茶叶消费量增加四百倍……最贫困的英国人每年消费五到六磅茶叶"[10]。虽然源自于对上层社会模仿的饮茶已经失去了啤酒的"草根情结"，但啤酒馆在英国下层平民中的影响依然

---

① 如饭桌上铺着亚麻布或粗帆布，仅有的一把椅子由男主人享用，其他人坐在长凳上。在较富有的家庭，饭前要洗手，使用金属盆和亚麻布的毛巾。较贫穷家庭的餐桌上，也摆着装饰性的陶瓶等。

② 长老会是基督教新教的一派，他们的根源是从16世纪的西欧改革运动开始。其教义强调信的本质就是相信通过基督而获得恩典——上帝救罪的爱。

是存在的,以至于在 18 世纪末,英国国内政治斗争激烈之时,第一个确定的无产阶级政治组织伦敦通讯会的第一次会议就是在一家啤酒馆中召开的[32]。当然这是后话。

3. 重新找回"集体生活"的社会基础

正如前文所论述的那样,啤酒馆的确为穷人和体力劳动者等没有能力或途径在家准备餐食的人提供了方便。人们在酒馆中小憩也的确节约了家中木柴和蜡烛的开销[33]。但如果啤酒馆只是充当了家的替代品,那么就很难解释为什么在中国出现了茶馆等功能等价物却始终没能产生"集体发明"的社会惯习①[34]。比如中国的棉纺织业则"和家庭农场紧密缠结,相互依赖,不能分别为人们提供生计"[35]。在传统的中国社会中,依赖于家庭和宗族的网络长久以来构成了地方经济和政治治理的主体性力量。这种"绅权"的强大,甚至连"皇权"也在很长一段时间内无法实质性地渗透进来[36, 37]。

一个本质性的差别便在于,中世纪末、16 世纪初,英国家庭以所谓的"多孔性"(porosity)为最显著的特征。即不仅是核心家庭的个别成员,就连核心家庭本身都是他者导向的:在有产阶级中,主要是亲属和"好领主",而在农民、工匠和劳工之中则主要是邻居[38]。"婚姻的目的不是让男人和他的妻子始终彼此亲密,而是合起来履行公民社会的任务,谨慎管理他们的家庭,审慎地教育他们的子女"。这种特殊的家庭结构实际上构成了"睦邻文化"的社会基础,并与 17、18 世纪发展的较为封闭、私密的核心家庭类型形成了鲜明的对照。但无论如何,淡漠的家庭关系都迫使夫妻双方各自寻找消遣的途径。比如穷人家的男人通常到啤酒馆休闲,女人则通过彼此串门来排解郁闷(相比之下精英圈中的夫妇则可以各行其是,甚至不需要经常见到彼此)。比如 1653 年 3 月的一份名为《默库里乌斯·德谟克利特》(MercuriusDemocritus)的皇家报纸中曾登载过一个趣闻,大意是:在纽盖特的集市中,一位妻子来酒馆找她酗酒的丈夫,但那个男人拒绝离开并宣称"他是如此的深爱麦芽酒的甜味,身为妻子不能对他责备太多;如果她还是那么生气的话还莫不如割开他的喉咙,这样他就可以喝更多更烈的麦芽酒了"[29]。故事虽在描绘酒鬼的可恶,但也从一个侧面反映出了当时家庭成员之间较少的羁绊。出现此番结果的一个重要原因便是当时在英国乃至整个欧洲大陆轰轰烈烈兴起的宗教——毕竟除了要废除烦琐的宗教仪式,清教徒还主张"情感能在婚后发展,只要在初次见面时无强烈反感产生"就可以了[29]。

---

① 比如在中国四川的成都地区,由于城市水质较差且烧柴较贵,茶馆非常流行。同啤酒馆一样,茶馆也承载了培养社区意识以及信息交互等社会功能。

事实上除了夫妻之间关系的淡漠,父母和子女之间的联系也被一种结构性的力量所打破。近代英国仍保有送子女到其他家庭做仆役、学徒、侍童的习俗,约有1/3的家庭户籍中包含有学徒、居家仆役、雇工等,因而这一时期英国家庭结构呈现以"扩展的核心家庭"为主,兼有主干家庭等类型的特点[39]。"子女多在7~14岁之间离家,去当住在东家的佣工,帮忙做家务或农活,或去当一段时间学徒,也住在主人家"[38]。以拉普顿镇区为例,1600年至1669年间受洗、1695年以前未见其丧葬记录的20名单行,在1695年仍见于居民名册的只有6名。妇女的流动性更大,23名同期受洗、未见葬礼记录的女孩,在名册中竟然一个都找不到[7]。如果家庭需要额外的劳力,则以雇工或佣工的形式来予以补充。在家庭以外,孩子们能够免于父母的监督,因此也能一到学徒生涯结束就自选伴侣结婚。结婚以后也大多不会同父母同住(甚至是丧失配偶的鳏寡父母)——当然唯一影响婚期的因素便只剩下,是否能够积累到足够的资本以建立家庭、开展事业。而这种"巨大的交换体系"无疑也为"集体发明"的产生创造了良好的土壤。

需要指出的是,学徒制的蓬勃发展当然是国家意志的结果。如1563年《工匠法》颁布,统一了全国的学徒制度,规定任何穷人或者没有工作的儿童都可以与法律上有资格接收学徒的工匠签订师徒合同。七年学徒制扩大到城市所有的行业。1570年后,按照一项雇工训练计划,诺里奇约有900多名穷孩子因父母无力供养上学被组织起来,每周得到6便士。1601年的《济贫法》以立法的形式许可教堂的主管人和教区中专管救济的人员把穷人的孩子送给工匠师傅。在工匠师傅家中,男童生活到年满24岁,女童到年满21岁或者成婚为止。工匠师傅家庭能够提供比自己家庭更丰富的教育和训练,既可以学习职业技能又可以掌握一定的社会文化知识。新的学徒制客观上为贫民儿童接受教育又开拓了一条途径,并推动了家庭群体走出亲属网,向周围社会开放[39]。但制度环境却并不都是"动力":根据当时的《济贫法》(1601年)和《定居法》(1662年),当一个贫民迁移到其他教区时,若该教区认为他会增加它的济贫税负担的话,就必须在40天内将其遣返原籍。这项法律允许居民在收获季节暂时流动,但限制了长期流动[40]。排除了其他竞争性解释,我们相信变革的核心动力同样来自于宗教。毕竟《圣经旧约·伪书》中早有提到,"如果你同他玩,他会让你哭笑不得。别同他笑,否则他会和你一起哭,最后还会让你恨得牙痒痒的……"就是要告诫父母要同子女保持适当的心理距离。这种宗教的力量是如此巨大,以至于"热爱生命"的邻国思想家蒙田也仅是将年幼的子女看成是宠物一般,"失去了两三个襁褓儿,不无遗憾,但没有很大悲伤"[29]。

总之,只有打破了家庭和宗族的羁绊,个人才可能在新的集体中寻找到新的身份认同,从而形成各种形式的集体性。这种影响是根源且深远的,比如在经济活动领域的一个突出表现就是土地转让并不是主要在亲属之间进行。相比之下,宗族成员之间的优先购买制是中国传统"绅权"社会的基本特征[7,37]——事实上即便在今天中国经济的发展还是要很大程度上依赖于这种宗族体制,或通过某种工具性的方式进入到其中[41,42]。

4. 结论与启示

"集体发明"是重要的,因为这恐怕是作为领先者能够实现创新的唯一途径(如果说追赶者可以模仿领先者的话)。本文试图去建立起来的一种因果联系,是认为"扩展的核心家庭"结构抑或说是破碎了的家庭情感关系奠定了后来英国人可以"集体生活"甚至"集体发明"的社会基础。这个结论可能是冒进的。但从英国发展的历史来看,在18世纪初就开始建立的知识产权体系的束缚下,仍能够有围绕着同一目的或者身份认同的社会"圈子"开展某种可以让知识和信息自由流动的"集体发明",也只有向历史去追寻、去考问才有可能得到答案。如果认同麦克法兰(Macfarlane,Alan)将英国个人主义起源的时间追溯到13世纪的观点,"集体"的基因恐怕只能在16世纪初的宗教改革至此一段时间出现(相比之下,"公学制"都是稍微晚近的事情从而无法成为工业革命中"集体发明"产生的原因)。而且和教育意义上的传播不同①,"集体发明"往往还意味着创新初期巨大的经济风险(包括"搭便车"的行为,即依靠创新所获得的短暂的垄断利润流失等)。这种"集体"基因的产生就显得尤为重要。而在这种社会基础之上,由于宗教改革所带来的宗教和世俗世界的分化,休闲生活作为承载社交活动的新载体无疑在其中发挥了至为关键的作用。

做出上述判断的一个基础就是布迪厄(Bourdieu,Pierre)所提出的惯习概念。所谓惯习是"持续的,可转换的倾向系统,它把过去的经验综合起来,每时每刻都作为知觉、欣赏和评价的母体发挥作用,依靠对各种框架的类比性的转换"它既存在于个体身体上和心灵中,也反映了社会结构的特征[43]。惯习概念的引入无疑也是合适的,因为尊

---

① 比如在英国工业革命时期最为著名的教育制度就是导生制(monitorial system)。导生制是一种教学组织形式,教师上课时先选择一些年龄较大或较优秀的学生进行教学,然后由这些学生做导生,负责把自己刚学的内容教给一组学生。导生也负责检查和考试,实际上是教师的助手。有了导生的帮助,教师的教学工作量大大减轻,因而能够教育更多的学生。参见:侯建新,张晓晗. 2010. 家庭教育:英国近代初等教育的催生剂[J]. 天津师范大学学报(社会科学版),(06):17-24。

重传统甚至怀念恰是英国文化深入骨髓的一种特征[44]。在天主教时期,社交活动和宗教仪式的意义已经具身化地被建构在个人的身体和心灵当中。当两者不得不分开时,仪式化的大部分已经被"革命"的力量所消解,而仅存的一些则保留在了家庭的餐桌以及个人的自我救赎当中。相比之下,社交活动则完整地以一种世俗化的方式走入了休闲生活和啤酒馆等人工物一起被"自然化"下来——当然啤酒就是联结和沟通彼此的媒介(mediator)。对此,就连韦伯(Weber, Max)口中恪守新教伦理典范的本杰明·富兰克林(Franklin, Bengamin)也大肆赞许啤酒为"上帝爱我们并希望我们幸福"的证明(原文是:Beer is proof that God loves us and wants us to be happy)。此时,又适逢家庭关系的淡漠加之"学徒制"等所导致的人口流动性的增加。于是,休闲生活中的社会交往才可以打破阶级、地域和宗族等界限,从而呈现出哈贝马斯(Habermas, Jürgen)所言的公共领域的特色[45]。当一切"集体"交往的实践已经变得习以为常(taken – for – granted)的时候,更广范围的集体性乃至"集体发明"才有可能在一个高度个人主义的社会中产生①。

诚然我们不能肆意地夸大这种集体性。毕竟正如经济史家奇波拉教授总结的,"雇工们起来维护自身利益的原因,与其说是生活困难,还不如说在黑死病后年代里劳动力市场有了较好条件",从一地流动到另一地"寻求更好的工作待遇"[46]。但肆意地夸大集体主义和个人主义之间的界限,恐怕也是非常错误的。因为个人和集体本来就是辩证的存在,也只有社会性自我(Me)才构成了社会存在的前提条件[47]。正如麦克法兰所强调的应该去打开"农民"定义的黑箱才能寻找到英国个人主义的起源一样,我们在这里试图去倡导的,是只有打开"集体"的黑箱才能发现促成"集体发明"的真正原因。而在此过程中一味地强调生产方式和生活方式的同构性也是空洞的,联结不同世界的非人行动者(non – human actors)的作用也必须被重视起来。

需要特别说明的是,这里将宗教解读为家庭关系变化的原因其实是不精确的。严格意义上讲文中的史料和故事只能说明两者之间存在某种关联或者同为另一因素(如可以大胆地猜测是啤酒或资本主义)所导致的结果。然而英国独特的家庭结构却的确是重要的,因为是在它的基础上才同时产生了个人主义和集体主义,以及后续被我们称作资本主义和公共领域等的一系列东西。这也是为什么中国有茶馆等功能却一直没能

---

① 比如1818年土木工程师组织成立,1834年建筑师组织成立,1841年药剂师组织成立,1949年保险统计员组织成立,等等。这些组织都表现出利用职业本身对专业知识和正直的要求,并超脱于市场法则之上。参见:Wiener, Martin J. 1981. English culture and the decline of the industrial spirit, 1850 – 1980. Cambridge; New York, Cambridge University Press:15。

产生出"集体发明"制度的原因:有了家庭和宗族的束缚,休闲生活及其所依赖的人工物都变成了一种权宜之计。以至于到头来这种"小圈子"的文化至今还在约束着中国的发展。即便在今天,我们也始终无法综合道德和结果等诸多因素去判断这种英式的"扩展核心家庭"的模式究竟是利是弊。但对于越发西方式"个人化"(如开始重视"隐私空间"、强调"婚姻自由"等)的中国而言[48],缺少了一个建立在自我意识基础之上的超越小圈子界限的集体化过程却是始终值得我们重视和反思的。

参考文献

[1] Coleman D C. Industry in Tudor and Stuart England[M]. London: Macmillan, 1975.

[2] Allen R C. The British industrial revolution in global perspective: how commerce created the industrial revolution and modern economic growth[J]. Unpublished, Nuffield College, Oxford. 2006.

[3] Allen R C. The British industrial revolution in global perspective[M]. Cambridge; New York: Cambridge University Press, 2009: 63, 67 - 68, 92, 168.

[4] Sherman B, Bently L. The making of modern intellectual property law the British experience, 1760 - 1911[Z]. Cambridge; New York: Cambridge University Press, 1999.

[5] Hofstede G H. Culture's consequences: international differences in work - related values[M]. Beverly Hills, Calif.: Sage Publications, 1980.

[6] Hofstede G H. Culture's consequences: comparing values, behaviors, institutions, and organizations across nations[M]. Thousand Oaks, Calif.: Sage Publications, 2001.

[7] Macfarlane A. The origins of English individualism: the family, property, and social transition[M]. New York: Cambridge University Press, 1978.

[8] Rogers E M. Diffusion of innovations[M]. New York: Free Press; London: Collier Macmillan, 1983.

[9][法]保尔·芒图. 十八世纪产业革命:英国近代大工业初期的概况[M]. 北京:商务印书馆,1983:124,348.

[10][法]费尔南·布罗代尔. 15至18世纪的物质文明、经济和资本主义第1卷日常生活的结构:可能和不可能[M]. 北京:生活·读书·新知三联书店,1992:140 - 141, 295.

[11] 杨杰. 英国农业革命与农业生产技术的变革[J]. 世界历史,1996(5): 11-21.

[12] Prothero R E, Baron Ernle. English farming, past and present[M]. London: Longmans, Green & Co. Ltd, 1912: 174.

[13] Overton M. Agricultural revolution in England: the transformation of the agrarian economy, 1500-1850[M]. Cambridge; New York: Cambridge University Press, 1996.

[14] Schumpeter J A. The theory of economic development: an inquiry into profits, capital, credit, interest, and the business cycle[M]. Cambridge, Mass.: Harvard University Press, 1934.

[15] [美]罗伯特·艾伦. 近代英国工业革命揭秘:放眼全球的深度透视[M]. 杭州:浙江大学出版社, 2012: 92, 99-101, 141-142, 256-257.

[16] Chambers J D, Mingay G E. The agricultural revolution, 1750-1880[M]. New York: Schocken Books, 1966: 14.

[17] Allen R C. Collective invention[J]. Journal of Economic Behavior & Organization. 1983, 4(1): 1-24.

[18] [德]马克斯·韦伯. 新教伦理与资本主义精神[M]. 北京:三联出版社, 1987.

[19] [美]西敏司. 甜与权力:糖在近代历史上的地位[M]. 北京:商务印书馆, 2010.

[20] 李士珍. 15—17世纪英国农村中间阶层生活水平初探[J]. 首都师范大学学报(社会科学版),2009(S1): 139-143.

[21] 侯建新. 工业革命前英国农民的生活与消费水平[J]. 世界历史,2001(01): 29-36.

[22] 张佳生. 从啤酒馆到咖啡馆:近代英国公共空间的文明化[J]. 湖南科技大学学报(社会科学版),2008(04): 104-108.

[23] Bennett J M. Conviviality and charity in medieval and early modern england[J]. Past & Present. 1997, 154(1): 235-242.

[24] Fox A. Rumour, news and popular political opinion in elizabethan and early stuart england[J]. The Historical Journal. 1997, 40(03): 597-620.

[25] Fumerton P. Not Home: Alehouses, Ballads, and the Vagrant Husband in Early

Modern England[J]. Journal of Medieval and Early Modern Studies. 2002, 32（3）: 493-518.

[26]Clark P S P. Crisis and order in English towns, 1500-1700: essays in urban history[M]. London: Routledge and K. Paul, 1972: 140.

[27]Martin A L. Drinking and Alehouses in the Diary of an English Mercer's Apprentice, 1663-1674[M]. Alcohol a social and cultural history, Holt M P, Oxford; New York: Berg: 2006: 93-105.

[28]Dyer C. Standards of living in the later Middle Ages: social change in England, c. 1200-1520[M]. Cambridge[England]; New York: Cambridge University Press, 1989: 158-160.

[29]Capp B. Gender and the culture of the English alehouse in late Stuart England[J]. COLLeGIUM: Studies across Disciplines in the Humanities and Social Sciences 2. 2007, 2: 103-127.

[30]向荣. 啤酒馆问题与近代早期英国文化和价值观念的冲突[J]. 世界历史, 2005(5): 23-32.

[31]Withington P. Company and sociability in early modern England[J]. Social History. 2007, 32(3): 291-307.

[32]谭赛花. 啤酒馆与英国近代早期平民公共领域的形成[J]. 绥化学院学报, 2006(3): 90-92.

[33]Shammas C. The Domestic Environment in Early Modern England and America[J]. Journal of Social History. 1980, 14(1): 3-24.

[34]Wang D. The teahouse: small business, everyday culture, and public politics in Chengdu, 1900-1950[M]. Stanford, Calif.: Stanford University Press, 2008.

[35]黄宗智. 中国的隐性农业革命[M]. 北京: 法律出版社, 2010: 268.

[36]费孝通, 吴晗. 民国丛书第3编14: 乡土重建, 乡土中国, 皇权与绅权[M]. 上海: 上海书店出版社, 1948: 177.

[37]张静. 基层政权乡村制度诸问题增订本[M]. 上海: 上海人民出版社, 2007: 324.

[38]伦斯·斯通. 英国的家庭、性与婚姻1500-1800[M]. 北京: 商务印书馆, 2011: 461.

[39] 侯建新,张晓晗. 家庭教育:英国近代初等教育的催生剂[J]. 天津师范大学学报(社会科学版),2010(06):17-24.

[40] 王章辉. 英国工业化与农村劳动力的转移[J]. 世界历史,1996(06):20-28.

[41] 艾云,周雪光. 资本缺失条件下中国农产品市场的兴起——以一个乡镇农业市场为例[J]. 中国社会科学,2013(8):85-101.

[42] Lin N. Local market socialism: Local corporatism in action in rural China[J]. 1995,24(3):301-354.

[43] Bourdieu P. Outline of a theory of practice[Z]. Cambridge, U. K. ; New York: Cambridge University Press, 1977.

[44] Wiener M J. English culture and the decline of the industrial spirit, 1850-1980 [M]. Cambridge; New York: Cambridge University Press, 1981.

[45] Habermas J. The structural transformation of the public sphere : an inquiry into a category of bourgeois society[M]. Cambridge, Mass. : MIT Press, 1989.

[46] 卡洛·M. 奇波拉. 欧洲经济史(第一卷):中世纪时期[M]. 北京:商务印书馆,1988:215.

[47] Mead G H. Mind, self, and society : from the standpoint of a social behaviourist [M]. Chicago; London: University of Chicago Press, 1972.

[48] Yan Y. The individualization of Chinese society[M]. Oxford; New York: Berg, 2009.

美国休闲管理理论述评

刘 耳[①] 马惠娣[②]

【摘 要】美国是对现代休闲研究做出杰出贡献的国家之一,与欧洲学派不同,它在继承古希腊休闲思想传统的基础上,创造了一系列的数理统计模型、统计学、系统管理方法,对休闲与人、与自然、与社会现象之间的关系加以研究,为美国休闲与休闲产业的发展提供了重要的理论指导。本文梳理了美国休闲管理理论的缘起、特点、目标、价值观,以期为主导中国休闲产业发展的决策者、领导者、规划者、营销者、研究者提供可资借鉴的史料与管理模型。

【关键词】美国 休闲管理 目标

引 言

美国是对现代休闲研究做出杰出贡献的国家之一,与欧洲学派不同,它在继承古希腊休闲思想传统的基础上,创造了一系列的数理统计模型、统计学、系统方法,对休闲与人、与自然、与社会现象之间的关系加以量化研究,尤其对"二战"之后迅猛发展的休闲产业,发挥了重要的理论指导实践的作用。

目前,中国在发展休闲产业方面与美国"二战"之后的状况有相似之处。但是,有一点值得注意,我们在发展休闲产业过程中付出的代价巨大,致使生态环境和人文环境都遭到了严重的破坏。正是基于这个背景,本文梳理了美国休闲管理理论的缘起、特点、目标、价值观,以期为主导中国休闲产业发展的决策者、领导者、规划者、营销者、研究者提供可资借鉴的史料与管理模型。

[①] 刘耳,哈尔滨工业大学威海分校人文学院教授。
[②] 马惠娣,中国艺术研究院休闲研究中心研究员。

一、美国休闲管理理论的缘起

"二战"之后,美国的休闲业快速起步,伴随经济的繁荣,人们对休闲产品的需求大为提高。于是,政府部门、民间组织(包括社区组织)都将众多资源投入到休闲娱乐设施的建设上,商业化的休闲业开始蓬勃发展。根据曼森(Geoffrey Godbey,1994:355)理论,这些机构的形式可分为:(1)个人所有企业,如度假牧场;(2)地方公司,如滑雪度假村;(3)大型的全国性公司,如健身连锁俱乐部;(4)特许经营,如野营地或其他设施生产商;(5)制造商经营的企业,如保龄球器材制造商经营的保龄球馆。

还有向特殊群体服务的机构,满足如因智力障碍、情感问题、身体残疾、戒毒等等产生的需求。由此诞生了许多服务型的休闲产业机构或组织,如许多非营利组织主要向青少年提供休闲服务;有为专门顾客提供服务的营利性机构(类似于我们现在有些专门为"白领阶层"、"富有阶层"等服务的组织和企业)。再如,有私人非营利组织:野营与徒步旅行者协会、垂钓协会等。

政府在发展休闲产业的过程中,也扮演着重要和积极的角色。第一,政府希望通过提供健康的休闲活动来减少城市中的暴力、性和吸毒等犯罪现象;第二,推广理性娱乐运动(Rational Recreation Movement),组织合唱团、铜管乐队、读书会、休闲体育、童子军训练等活动;第三,规划、购买、开发和保养公园用地、开辟娱乐区域成为各级政府普遍的现象,如公园、森林、自然保护区、历史遗迹、海滨的建设;第四,提供具体的休闲技能的教育,如体育项目、各种表演、手工艺、举办社区娱乐活动,这些项目常常依托大学、教堂或社区学校。(Godbey,1994:360)

正如马克思所说:"由于生产力提高一倍,以前需要使用100资本的地方,现在只需要使用50资本,于是就有50资本和相应的必要劳动游离出来;因此必须为游离出来的资本和劳动创造出一个在质上不同的新的生产部门,这个生产部门会满足并引起新的需要。"美国各州政府鼓励人们参与和享用这些设施和活动,不仅促进了消费,而且带动了产业转型。

在此背景下,一方面,政府及相关企业与机构希望得到理论帮助;另一方面科学管理提到了议事日程。

二、美国休闲管理思想的来源

(一)对古希腊休闲思想的继承与弘扬

美国的休闲研究自20世纪60年代后,学科体系发展十分迅速,这得益于当时休闲业的蓬勃发展。在休闲研究的理论体系中,不仅体现在休闲哲学方面,而且在对现代休闲产业管理方面,休闲研究学者并没有追逐市侩和功利,而是在管理理论体系中继承了古希腊的休闲思想。柏拉图、亚里士多德等哲学家在论及休闲时,将其与人生信仰、人的自由、人的全面发展、人的文化创造等联系起来。

希腊语中"休闲"一词为 schole,为英语中"学校"(school)一词的来源(Goodale & Godbey,1988:19),说明古希腊人认为休闲与教育密切相关;而在他们的观念中,对自由人来说,"教育"(education)一词正如其词源一样,是在教师的引导下,让学生作为人的潜能充分发挥出来,从而获得真正自由和全面的发展。换言之,教育的过程基本是现代休闲学中说的让人能"成为人"的过程。在欧洲兴起于 12 世纪的近代大学,"liberal"(自由和文学艺术之意)是办学的宗旨:休闲理当自由选择,知识给予自由选择的能力。"你将懂得真理,真理将使你自由"是当时各大学的"校训"(Thoms. L. Goodale,1988:48)。作为这一思想的延伸,后来产生了经院哲学、文艺复兴、近现代科学技术,以及马克思呼唤"人的自由全面发展"的理论。19 世纪末叶,凡勃伦创建了制度经济学和休闲学;20 世纪中叶诸如萨缪尔森、皮普尔等学术大家对休闲思想,以及统计模型等做出新的理论探索。

所以,当学者们面对休闲管理时,他们基于已有的休闲思想传统,能高屋建瓴地思考休闲管理的决策和需要解决的问题。他们抓住了休闲中最核心的价值,也抓住了休闲的反功利特点。这为美国学者的休闲研究和管理实践提供了重要的价值理念。

(二)对传统管理模式的借鉴

传统管理学最早创立了全面质量管理(Total Quality Management,简称 TQM),是指一个组织以质量为中心,以全员参与为基础,目的在于通过让顾客满意和让本组织所有成员及社会受益,而达到持续经营的管理方法。之所以称为"全面"质量管理,是因为它是一种全员、全过程、全企业的品质经营。(参见刘立户,2004)由于它把全体组织成员甚至社会的利益都作为管理目标考虑进去,这种管理思想已在相当程度上超越了传统的以利润为核心的管理理念。

TQM 源于 TQC(Total Quality Control,即全面质量控制),而 TQC 早期的发展主要受美国的统计学家戴明(William Edwards Deming)与质量管理专家茱兰(Joseph M. Juran)的影响。"二战"后,戴明与茱兰都曾到日本工作,并将他们在质量管理方面的思想和系统的操作方法介绍到了日本,让日本企业管理者与管理学研究者知道,在产品质量的控制上狠下工夫,建立系统的质量控制体系,最终能让企业在全球的竞争中成功地抢占市场份额，获得长久的利润。后来，美国质量管理专家费根鲍姆的《全面质量控制》(Feigenbaum, 1961)和日本组织理论学者石川馨的《日本式质量控制：何谓TQC》(1981)[后被翻译成英文在美国出版(Ishikawa, 1985)]使欧美国家的企业及管理学研究者注意到了TQC，并在其企业管理中积极加以学习和研究，还试图进一步完善它(Houston, 1988)，从而在西方掀起了全面质量管理(TQM)运动。

将TQM模式用于休闲管理，不仅适合于从事休闲产业的企业，也可供非企业组织在运行某些目标时，用于提高效率和降低运行成本。美国在其经济增长减慢，导致政府及民间力量在投资休闲领域经费受限时，其TQC模式帮了大忙。

而"作业基础成本管理"模式(Activity - Based Costing, 简称ABC)作为价值链分析(value chain analysis)之环节，对优化企业的战略和运行决策也发挥了重要作用。借用到休闲管理中来时，activity一般是休闲活动项，这时ABM可译作"基于活动的管理"。

将ABM借用于休闲管理领域，可将其所提供的游憩机会、设施保护，以及管理活动过程所带来的经济与社会效益均视作系统的输出。(Driver & Bruns, 1999:359)借用者不仅有提供休闲服务的私有企业(参见Slack, 1999:407)，还有公园与游憩设施的管理者(参见Driver, 1999:526)。

三、对传统管理思想的借鉴与创新

(一)休闲管理与传统管理思想之异同

休闲管理的主体及其所涉及的对象(包括相关的资源、人员)都与传统的管理有差异。尤其商业化的休闲设施管理在很多方面也需要遵循传统管理学的原则，传统管理学主要是为解决组织管理，特别是企业管理发展而来的，因此组织运行的效率、经济效益(往往具体化为企业的利润率)等成了管理的主要目标，因而经济学、组织行为学是其主要的理论来源。

但是，除商业化的休闲设施外，现代社会还有大量的以政府或非企业性质的民间组织(如社区组织)为主体来经营和管理的休闲组织。这些非企业性质的民间组织可以是接受政府资助，也可以是自行筹集经费，但与政府经营管理有一共同点，即虽也在一定程度上要考虑经济效益，但一般不以经济效益为管理的首要目标，而以提供一种公共利益(public goods)为管理的首要目标，这就决定了休闲管理在其指导思想和具体的实施方法上跟传统的企业管理有诸多不同。

在某些特定类型的休闲相关设施(如自然保护区、国家公园等)的管理上，甚至不是简单地以为人类提供公共利益,而是以对自然生态的保护为首要的价值目标。在这方面,研究者不仅可以吸收休闲学,还可以吸收生态哲学、环境哲学的理论观点,以指导休闲管理的实践。

(二)休闲管理的价值标准

确定休闲管理的目标需要依据一定的价值标准。传统的企业管理是以经济价值为核心来建立管理目标的,这对于休闲管理来说显然价值过于单一。但是,其中也有值得借鉴的标准,诸如:员工对工作环境、工作条件的满意度,对企业的认同感,以及顾客对产品或服务的持久满意等要素,也一并纳入了企业管理目标之列,这样的管理理论对休闲管理就有较多的借鉴意义。

据克里斯托弗·埃廷顿说,休闲管理的价值目标,常常得益于休闲哲学对休闲业界专业人员的指导,一方面,它能让人们明确方向、目标和目的,树立职业的价值与信仰。在他看来,哲学与人们对生活质量的认识有直接关系。因此,哲学成为专业人员手中得力的工具。另一方面,管理方法、项目种类以及地域、设施类型等都在持续不断的变化中,而哲学可以提供一种视野和一整套核心的价值观念,从而能够使人树立一个长期的思想认识模式。休闲哲学让从业人员了解"为什么"的问题,不仅需要在技术层面优秀,而且需要理解职业行为是如何被一些根本性的理念、信仰所影响的。例如,在组织运作层面上,美国男女青年俱乐部就认为,该组织的活动目的在于,通过为美国青年提供多种多样可供选择的健康娱乐活动,塑造他们良好的品质与个性。表明这个组织建立在特定的价值观念、信仰和社会取向基础之上,因此,这个俱乐部还积极与其他具有相同哲学理念的社会团体合作,并结成联盟与伙伴关系。(Edginton,2002:110 - 116)

(三)休闲管理模式的创新

休闲学注重人的自由、心理体验,以及休闲对社会文化价值的贡献,而这些价值要素难以量化,因此,很难套用 ABM 模式。

难能可贵的是,休闲学者很快就提出了超越企业管理的基本思路和操作方法,提出了休闲管理的新思路。他们把确定一个领域的管理目标以一定的价值观为前提。从休闲理论萌芽时期开始,有关的思想家、理论家赋予休闲的就是与企业经营管理不同,在一些重要的方面甚至截然相反的一套价值观,是以人的自由、人的发展为目的的。在不以追求经济效益为目标的意义上,其价值观的核心可以说正是反功利的。

当从事休闲研究的学者开始把企业管理中的一些方法借用到休闲管理中来的时候,休闲学已远非一个在理论上稚嫩,或机械地去搬用企业管理的思路和操作方法的学科。相反,关于休闲的理论已有两千多年积累起来的相当丰富和深入的思想传统,所以休闲学者能从休闲理论的角度,来思考 ABM 之类的方法,诸如在哪些方面和在多大程度上适用于休闲管理,哪些地方又没有把休闲领域重要的价值考虑进去,等等。目前,我们看到发达的美国休闲产业、保护良好的生态环境、和谐的人际关系、诚信的服务体系、博爱的人文关怀、健全的法律制度等,都与几代休闲学研究者的努力分不开,也与继承与弘扬休闲价值传统密切相关。

四、休闲管理的目标

(一)提出休闲管理目标的重要人物

德里弗(Driver)是一个不得不提的人物。他曾执教于密执安大学的自然资源学院和耶鲁大学的森林与环境研究学院,同时任美国森林署研究员,致力于将休闲研究的成果应用于政府休闲项目的规划及评价体系的设计。1989 年,他与美国犹他州立大学自然资源管理系的席莱尔合著《休闲的益效》一书(Schreyer & Driver,1989)。

他首次提出休闲服务项目的管理不能只沿袭其他领域的管理方法,而应从一个休闲服务项目能给各方面的利益相关者带来益处着眼,进行整体的规划和管理。此观点引起了美国政府有关部门的重视。开始,人们主要是针对实际的管理,提出"基于益效的管理"概念。但随着休闲学者在此领域发展出比较系统的理论,人们从休闲给人们带来的益处的视角,逐渐提出了应用更为广泛的"休闲益效方法"(Benefit Approach to Leisure,简称 BAL)。BAL 不仅对实际参与管理的人员有重要的指导意义,而且对休闲学者、从事休闲教育的人以及制定休闲政策的政府部门都是一种重要的视角和分析方法。

美国自 20 世纪 50 年代以来,商家、各级政府、地方上的社区都在积极建立各种休闲设施和规划休闲服务项目。但这些设施和项目在规划和管理上并不很成熟,或是不能充分发挥作用,或是在满足人们休闲需求的同时带来一些其他问题,如建立娱乐场所的同时,可能破坏了自然景观与生态环境,或是打破了当地居民平静的生活。BBM(Benefit – Based Management,简称 BBM)与 BAL 在这样的背景下提出,目的是让休闲管理人员充分认识到休闲管理所涉及的多重价值和多方面的利益相关者,为休闲服务项目的规划和管理提供较好的理论框架和一些具体的方法。

早在 1990 年德里弗与布兰斯合作的一篇文章,就人的休闲获得的效益列了一份长表(Driver & Bruns,1999:352 – 353),由此可以看出美国休闲学界对休闲管理价值考虑的广泛与细致程度。

(二)细化的休闲效益目标

此表将休闲的益效分为个人益效、社会与文化益效、经济益效、环境益效四大类,各大类下再作进一步细分。

"经济益效"分得比较粗,只是简单地分为"降低医疗费用"、"减少误工旷工"、"促进地方与地区经济增长"等8种。

"个人益效"分得最细:先是分为"心理益效"(psychological benefits)与"心理生理益效"(psychophysiological benefits)两部分,其中"心理生理益效"列了诸如"降低或防止高血压"、"对糖尿病增强控制或加以防治"、"改善神经生理功能"等共18项;而"心理益效"先是分为3小类,第一小类(改善和维持心理健康)列出"应对心理压力"(stress management)(包括防止心理紧张、沉思、从紧张中恢复)、"宣泄"(源自亚里士多德的概念)、"改善情绪"等共5项,第二小类(促进个人的发展与成长)列出"增强自信"、"厘清自己的价值观"(value clarification)、"提高学习成绩和增加知识"、"学会谦卑"、"锻炼领导能力"等共24项之多,第三小类[自我的良好感觉与满足感(personal appreciation and satisfaction)]也列出"自由感"、"自我实现"、"'畅'与全神贯注"(flow and absorption)等14项正面的心理体验。

"社会与文化益效",虽也只有1个层级的细分,但列出的项目有23项(如"增加对社区的满意度"、"减少社会疏离"、"增强民族认同"、"解决冲突与达成和谐"等),远多于"经济益效"的项目。

"环境益效",虽仅列了"代管员职责与保持多样选择"(stewardship and preservation of options)[①]、"让人们认识到人类对自然界的依赖性"、"让公众关注环境问题"、"环境保护"等7项,但在"环境保护"下又列了"增加生态系统的可持续性"、"保持物种多样性"、"让自然能持久作为科学实验室"(maintenance of natural scientific laboratories)等5项,这样"环境益效"下实际上有了11个项目。

---

① "代管员职责"是西方环境哲学在认识到人类对自然生态系统的依赖性后提出的一个概念,主要针对西方受基督教影响而形成的传统思想中将人类视作凌驾于自然之上的主人的倾向及在此思想倾向的指导下按照人类的利益过度开发和掠夺自然的问题,提出人类在自然生态系中正确的位置应该是做好自然的管理员。通过对《圣经·创世纪》的重新诠释,可以认为神要人管理自然不是让人高高凌驾于自然之上,可以随心所欲地从自然攫取自己想要的一切;而是代神——自然真正的主人——来对自然进行管理。作为代管员,不能只从自己的利益出发考虑问题,而应为主人做好管理的工作,让神托付给人类的自然生态系能达到和维持平衡、和谐的状态。"保持多样性"选择主要是针对由于人类造成的环境破坏使自然界的物种大量灭绝的现实,提出要保护物种和基因的多样性,让自然的进化能有多样化的选择。

(三)重要的是发展人

细审上表"个人益效"中列出的项目,可以看出:其一方面反映了从亚里士多德以来的休闲思想中对人的自由和全面发展的强调,另一方面又反映了美国休闲学近几十年的一个特点:休闲心理学取得的成果非常丰富,其中奇克森特米哈伊的"畅"的理论(Csikszentmihalyi,1982)就是一个典型的代表。这两方面又互有联系,因为休闲心理学在相当程度上可以说是把古代以来注重人的心灵体验的休闲思想跟现代的学术研究完全地结合起来,用现代科学的语言重新阐释古代思想家的洞见,并将研究进一步深化和细化。

(四)重要的是和谐人与自然的关系

和谐人与自然的关系是休闲效益的重要组成部分,德里弗把"环境益效"作为一大类列了出来。其中有些项目涉及非人类中心的自然价值观。特别是自然保护区的创建者想多保留一些原生态的自然。但原生态的自然区域又极其适合修建休闲景区,比如目前中国在很多自然风光好的地方都开发旅游景区修建游乐设施等,游客自然得到了一种休闲体验和欣赏了美景,然而对生态环境的破坏也是有目共睹的。

而美国国家公园系统在不迎合大众趣味的同时,也"有条件"地进行利用。但主要目的有(Swinnerton,1999:209):(1)科学研究;(2)荒野保护;(3)保存物种与基因多样性;(4)长期的环境服务;(5)保护特定的自然与文化景观;(6)旅游与游憩;(7)教育;(8)对自然生态系资源的可持续利用;(9)维护文化与传统遗产。

在这个表里,科学研究与对自然的保护(包括对荒野和物种多样性的保护)被列为前三项,可以说自然保护区的保护是首要目的;这些以及第5、7、9项涉及的都不是能快速赚取利润的活动,现实功利性可以说很淡薄。第4项中的环境服务(environmental services)是美国紧急环境问题研究组(Study of Critical Environmental Problems)于1970发表的报告《人类对全球环境的影响:评估与行动建议》(SCEP,1970:319)中提出的概念,现在比较通行的说法是"生态系服务"(ecosystem services)(Ehrlich & Ehrlich,1981:305),指人类从自然生态系统获得的各种益处或曰"益效"(benefits),如净化的饮用水源、废物的降解等。这对人类是有直接的功利效用,但这是生态系统自然运行带来的效用,而非由企业按利润的原则进行商业运行的结果。第6、8两项在一定程度上可以纳入商业运行的模式,但在自然保护区进行这样的运营只能是一种附带的功能,而且必须在科学研究和自然保护等受到优先考虑的目标得到保障后,亦即在原生态的自然得到保护的前提下进行。

可以说,对于国家公园的创建者来说,服务于大众休闲并非是这些公园的主要目的,而只是其一个附带的功能,甚至在一定程度上只是为了赢得公众支持不得已而为之的一件事。休闲管理在国家公园这一领域的反功利原则,发挥到了极致。上表列出的多重目的,反映了自然保护区的管理者需要考虑的多种价值。其中固然有一些直接的功利价值,包括一定程度上的商业经营价值,但这些价值在自然保护区管理者所考虑的多重价值的优先序列中属于比较靠后的。

从上面的列表还可以看出,自然保护区的管理涉及多种利益相关者(stakeholders),如从事研究的科学家、对博物学(动物学、植物学、矿物学等)有兴趣的业余爱好者、环保主义者、从有关自然保护区获得生态系服务的居民、对自然与文化景观有兴趣的研究者及业余爱好者、游客(其中除普通游客外,也包括喜欢荒野自然的背包客等有特殊旅游兴趣的群体)、利用有关自然保护区进行教育的教师与学生、对自然保护区的某些资源(特别是旅游资源)进行商业运作的企事业单位,等等。此外,从时间维度看,自然保护区的管理者考虑的不仅是目前和近期内能从保护区各种资源受益的人,也包括未来世代的人。

(五)"成为人"是休闲效益的最大目标

"成为人"(State of becoming)(John R. Kelly,1990:1-104)是休闲社会学家约翰·凯利提出的概念。他认为:从本质上讲,休闲应成为一种"成为状态",这种状态更多地指一种行为取向,而不是单一地以时间、空间、形式与结果来定义它。因为,人类是追求意义的物种,任何行动都有寻求和产生意义的层面;当以物质形式出现时,我们称其为产品;当它是以非物质形式出现时,人们从中获得了兴趣和想象力。无论怎样,行为者不仅在表达自己,也在寻找自己;他不仅存在,而且在"成为"。休闲是一个完成个人与社会任务后的主要发展空间,如儿童的游戏、青少年的探索、年轻人之间建立的亲密关系、中年人展示能力并表达自我以及老年阶段与社会的融洽,构成了人的一生"成为状态"的生命链。

它是一个过程,人依靠这个过程变成社会有机组成部分。只有通过共同的文化,人们才能表达自我和相互理解,并在其中实现个性化,即尊重自我和发展自我。为了更好地体现休闲效益的这一最大目标,美国的休闲产业更多地是"提供发展人"的各种设施,如:学校、博物馆、图书馆、艺术馆、歌剧院、运动场、工作室、试验室、大众舞厅、小剧场和露天场所等。

像罗尔斯顿那样的哲学家于闲暇时在荒野中背包旅行,饶有兴味地对自然状态下的动物、植物、矿物作博物学考察,进而沉思生命的本质和人与自然的关系(参见 Rolston,1989:221-261)。这样的体验不是一时的感官刺激,而是能带来知识与智慧的增长,能启迪人的哲思,让人在静默的沉思中去追问自然与生命最根本的问题。将休闲与人的自由、人的创造性、人与自然的和谐、人的信仰等方面联系起来,便获得了最大的休闲效益。

五、政府的服务意识与职责

(一)政府应当做什么

毋庸置疑,人的休闲生活正处于一个新的历史时期,国民的康体娱乐活动,以及各种辅助设施的建设成为各级政府管理中的一项重要职能,因此,政府如何参与管理、如何服务的问题被提到议事日程上来。据戈比教授概括,至少有多项原则政府必须做努力协调:(1)需要有更多的管理,更少的政府干预;政府必须多掌舵,而少划船。(2)必须根据产出情况,而不是指令或意图来评判政府机构,政府必须关心预防,而不是善后。(3)无论在公共领域,还是私有领域,竞争总比垄断好。(4)公民是有评价能力的群体,因此必须听取他们的意见,给他们以选择的余地。(5)政府职能处于不断地变化中,所以应变的能力和灵活性是十分必要的。这些原则可以重塑政府对娱乐、休闲、公园、博物馆、图书馆和其他休闲服务的策略(Godbey,1994:378-381),而这些策略也将随发展的变化而变化。

(二)政府政策与策略变化的原则

政府政策与策略的变化也必须有原则:(1)休闲政策应更多地反映环境、社会和经济改革的需要,问题可能涉及:短期利益对自然资源的破坏,对人类自我中心主义和经济上无休止的贪婪予以公开谴责,等等。(2)要关注到社会的贫富差距问题,一方面对"有钱者"提供良好的服务;另一方面加强对"富有者"社会责任的教育,并使其履行回馈社会、回馈他人的责任与义务。政府的策略是,用来自高收入参与者的资金向低收入参与者提供服务。(3)休闲服务在某种程度上将在整个政府中展开,诸如运输、自然资源管理、教育、卫生等都涉及休闲问题,认为休闲事宜只关系到一个部门的想法已经过时。(4)休闲政策将更多地考虑"预防",即防患于未然,这对发展经济、人的道德、身心健康有更大的意义。(5)我们必须意识到,美国的消费模式正成为全世界的榜样,但我们造成的环境后果,以及不健康的生活方式(比如北美消费了全世界40%到60%的非法毒品等)要求我们的休闲政策必须越来越多地顾及可持续发展,重新调整我们对休闲的利用方式和生活方式。

结　语

　　正如我们前面所讲,目前,中国正在大力发展休闲产业,过去的三十年成绩很大,问题也很多。除了我们现在能看到的自然生态环境所遭受的破坏场景,以及人文生态环境的芜杂之外,我们至今很少看到中国人的休闲管理思想问世,当然,在这个领域如同其他领域一样,我们埋头于经济效益,千方百计地赚钱,淡忘了休闲与人的价值取向,忽视了休闲与人的自我理想;同样,与其他领域一样,相当多的领导者、决策者把休闲产业操控于"股掌"之上,任凭其拍脑袋、独断专行,并当成"政绩工程"、"向上爬"的牺牲品,同时也把发展休闲产业当成"摇钱树"。

　　美国的经验告诉我们:休闲社会的来临,其宗旨在于发展人,是将其与人生信仰、人的自由全面发展、人的文化创造等联系起来;它固然可以进入商业领域,但是最终的目的是和谐社会关系,降低贫富差距,促进身心健康,提升生活品质,改变产业形态,而达到这个目的要有价值观作指导,否则将是一艘没有舵手的船,不知飘向何方。

　　美国的经验告诉我们:理论对于实践的作用影响很大,特别是哲学思想(理性思想),它能让决策者、规划者、经营者明确方向、目标和目的,树立职业的价值观与信仰,哲学成为专业人员手中得力的工具,能为其提供开阔的视野和完整的价值理念,使其树立长期的思想认知模式,而不至于走错了方向。

　　美国的经验告诉我们:理论工作者是社会的良知、企业的良知、国民的良知,业态发展情势和国民的生活方式是对学者良知的考验和检验。特别是休闲理论研究者,不能缺少人文主义情怀、人文知识,不能用"技术工具"和"统计工具"替代人文需求。

　　美国的经验还告诉我们:任何一个领域的管理形式离不开真实的数理统计、离不开行规和立法,以确保公平、正义、秩序和效率,以减少社会交易成本,以维护良好的服务质量。休闲管理尤其具有特殊性,它需要柔性、弹性、人性、个性化的服务理念。管理是手段,服务是宗旨。

　　恩格斯曾说道:一个没有理论思维的民族,是不可能站在科学的最高峰的。同样,一个没有理论思维的民族,也不可能走到文化与文明的前列。正如美国学者所言:传统的管理思想固然有可取之处,却不能替代休闲管理思想,其中没有将追逐市侩与功利当成新时代的管理目标。这方面的理论在中国尽管苍白,但,这不是拒绝研究它的理由。

本文意图抛砖引玉,希冀更多的学者关注中国休闲管理理论,希冀"产、学、研、官"之间有良性的互动,希冀坚实的理论基础为中国休闲事业的发展付出应尽之责。

参考文献

[1] Csikszentmihalyi, Mihalyi. Toward a psychology of optimal experience. Review of Personality and Social Psychology,1982,(3):13-36.

[2] Driver, Beverly L. Recognizing and celebrating progress in leisure studies, in Jackson & Burton, eds., 1999:523-534.

[3] Driver, Beverly L., Brown, Perry J., Peterson, George L., et al. Benefits of Leisure. Venture Publishing,1991.

[4] Driver, Beverly L., Bruns, Donald H. Concepts and uses of the benefits approach to leisure, in Jackson & Burton, eds., 1999:349-369.

[5] Ehrlich, Paul, R. & Ehrlich, Anne H. Extinction:the causes and consequences of the disappearance of species. New York:Random House,1981.

[6] Feigenbaum, Armand Vallin. Total Quality Control, McGraw-Hill,1961.

[7] Goodale, Thomas & Godbey, Geoffrey. The Evolution of Leisure:historical and philosophical perspectives. Venture Publishing,1988.

[8] Houston, Archester. A Total Quality Management Process Improvement Model. Navy Personnel Research and Development Center,1988.

[9] Ishikawa, Kaoru. What is Total Quality Control? The Japanese Way (trans. by. David J. Lu). Prentice Hall,1985.

[10] Jackson, Edgar L. & Burton, Thomas L., eds. Leisure Studies:prospects for the twenty-first century. Venture Publishing,1999.

[11] Phillips, Adrian. Landscape approaches to national parks and protected areas, in Nelson, James G. & Serafin, Rafal., eds., National Parks and Protected Areas:keystones to conservation and sustainable development, pp. 31-42. Berlin|New York, Springer-Verlag,1997.

[12] Rolston, Holmes, III. Environmental Ethics:duties to and values in the natural world. Philadelphia:Temple University Press,1988:95-96.

[13] Rolston, Holmes, III. Philosophy Gone Wild:environmental ethics. Buffalo,

NY: Prometheus Books, 1989.

[14] SCEP (Study of Critical Environmental Problems). Man's Impact on the Global Environment: assessment and recommendations for action (report), MIT Press, 1970.

[15] Slack, Trevor. Changing boundaries and new management implications for leisure organizations, in Jackson & Burton, eds., 1999: 399 – 413.

[16] Swinnerton, Guy S. Recreation and conservation: issues and prospects, in Jackson & Burton, eds., 1999: 199 – 231.

[17] John R. Kelly, Free To Be: A New Sociology of Leisure, Macmilan Publishing Company, 1990.

[18] Geoffrey Godbey, Leisure In your Life: An Exploration, Venture Publishing, Inc, 1994.

[19] Christopher R. Edginton, Leisure and Life Satisfaction: Foundational Perspectives, Third Edition, 2002.

[20] 刘立户. 全面质量管理. 北京：北京大学出版社, 2004.

[21] 石川馨. 日本的品質管理：TQCとは何か. 日科技連, 1981.

Reforming Leisure in China

Geoffrey Godbey

Sir Yue – Kong Pao Visiting Professor

Asia – Pacific Centre for the Study of Leisure

Zhejiang University

Abstract

China is entering a period of reform similar to other nations which have urbanized and industrialized rapidly. Problems of pollution, corruption and huge income disparities drive such reform. Provision for leisure will be part of this reform, based partly on rising income levels and increased expectations about access to and use of leisure. Leisure may be thought of as core leisure activities—those activities done in everyday life, usually at or near home at no or low cost, and balance activities—those activities done occasionally, involving travel and other expenses, such as tourism or attending special celebrations or high status activity such as golf or boating. So far, in terms of policy, more attention has been paid to balance activities, particularly tourism. In the coming era of reform, China will need to pay more attention to core leisure activities. In Western nations, this involves three types of organizations—corporations, government and private, non – profit citizen organizations. These three types of organizations are all necessary to reform core leisure. Among the steps which can be taken to improve core leisure are: government requirements that companies which construct housing make some provision for the leisure of residents, such as garden roofs, special rooms or apartments for leisure use of residents and play areas for children. Additionally, government can bring "portable" leisure services to the places people live, such as sports equipment, water sprinklers for children, teachers to provide informal art classes outside and other programs. Multiple uses of urban spaces will also help; closing streets for periods of time for sport or special events, calming traffic so people can walk for pleasure more easily, and the use of outdoor areas for both work and leisure. Doing this will require the development of citizen organizations who are interested in improving leisure opportunities in their own community. The benefits of improving core leisure opportunities are improved health, improved human complexity and more harmonization of society.

Introduction. China is likely to enter a period of reform. Such urban reform has occurred in many countries after eras of massive migration into urban areas. The reform is also likely to take place due to problems of corruption, pollution and income inequality. Historically, in the Western world, such reform has been led by citizen organizations with the help of government. In some cases, a few wealthy and/or influential people lead reform in various areas of life. Also, informal citizen groups have helped solve problems of leisure constraints. In terms of leisure, recreation, parks, cultural life, sport and related areas, China must create its own models for reform. Such reform will help make China beautiful, since it will expand opportunities for human growth and pleasure during free time. There is more to life than work and family. As productivity increases, there historically has been some division between increased income and more time off the job for workers (Cross, 1990). Both of these factors make leisure a more important issue in China.

While the world is in a state of accelerating revolutions, there is increasing evidence that cultures do not change easily. Leisure and its use are among such cultural understandings. Kitayama and Uskul (2011) developed a model of neuro-culture interaction that addressed this issue by:

Hypothesizing that the brain serves as a crucial site that accumulates effects of cultural experience, insofar as neural connectivity is likely modified through sustained engagement in cultural practices. Thus, culture is "embrained," and moreover, this process requires no cognitive mediation (p. 419).

There is evidence to support this theory. Thus, Chinese are genetically different from, for example, Brazilians or Russians in regard to culture. While China will need to find models of leisure from different countries, which will function in densely populated cities, it must also develop its own models. Access to leisure, and what is done during free time determine the basis of a culture (Pieper, 1952). While China has among the most ancient cultures in the world, that culture is being profoundly changed and will continue to change. Consider, for a moment, changes in the world we live in, for example:

1. Since 2000, Germany has increased its portion of renewable energy sources to 25% (DW Journal News, September 6, 2013). Eight million homes now use solar energy, a 45% increase since 2011. It is likely all homes will eventually have electricity coming from individually owned solar panels.

2. 3 D printing or additive manufacturing, a process for making a three dimensional solid object of virtually any shape from a digital model, is leading to the ability to make prototypes rapidly, mass customization and the ability of a person owning such a machine to make clocks, guns, gears for machines and other objects (3D Printing, Wikipedia, September 6, 2013). All of manufacturing may be changed by such machines.

3. Climate change is now undeniable and humans are responsible for it (NASA, 2013). Whole nations will be challenged, low - lying areas such as Shanghai will be re - defined, and desertification will increase. Migration will be intensified throughout the world, including China.

4. Knowledge is dramatically less privatized. Yale University, for example, makes its entire library available to the world at no cost. Wikipedia, a free online encyclopedia, is free to users. Google opens doors to information about millions of topics. 600 million people are online in China.

5. Privacy and secrecy are much more rare as massive data mining, drones, cell phone cameras and other devices record what people do, think, own and want.

6. There are already two states in the US where self - driving automobiles are legal. In California, they have already driven several million miles.

China's Economic Growth—Rising Expectations for Leisure. While the world changes at an accelerating rate, much of Chinese culture remains bound by tradition. The most significant impact of Chinese thought on people's leisure life is based on three specific features of traditional Chinese society: agriculture as the base of living; family as the core of life; and Confucianism as the root of thought. Several historical and contemporary aspects of Chinese people's lives have influenced their leisure patterns, including limited free time because of having to engage in hard work; urbanization; a passive attitude toward leisure; the role of women in society; and reverence for nature. Chinese attitudes and values also account for differences between Chinese and Western leisure patterns (Chang and Card, 2013). Leisure, however, tends to go through a progression as economic well being increases and education levels rise. That change goes from the search for rest and recreation, to the search for pleasure, to the search for status, to the search for learning, new experience and meaning. Skill – challenge forms of leisure become more popular. Many leisure pursuits become serious; identity producing activity which is part of one's being. Also, Chinese people now want something different with regard to everyday life, as they did during the Qing Dynasty and the end of the Kuomintang. Improved opportunities for leisure in everyday life is part of that desire.

China has undergone an economic miracle. Between 1981 and 2005, an estimated 600 million Chinese people moved out of poverty (US $1/day) and China's poverty rate dropped from 85% to 15% (World Bank report, 2005). According to China's official statistics, between 1978 and 2007:

- China's per capita rural net income increased from 133RMB to 4,140RMB.
- China's per capita urban disposable income increased from 343RMB to 13,785RMB.
- Per capita rural housing space increased from 8.1 to 31.6 square meters.
- Per capita urban housing space increased from 4.2 to 22.6 square meters.

In spite of this, China has about 150 million people living below the United Nations poverty line of one US dollar a day (Wikipedia, 2011). Nearly 500 million Chinese people live on less than $2 a day (BBC News, 2010).

Poverty is concentrated in the countryside, 85% of China's poor live in rural areas, with about 66% concentrated in the country's west (China Development Research Foundation Feb 2011). 99% of China's poor live in or come from rural areas, according to national statistics, which count migrant workers in cities among the rural, not urban poor. Even if migrant workers are excluded from the rural population, 90% of poverty is still rural (Wall Street Journal, April 13, 2011). Over half of China's population lives in rural areas... but they share less than 12% of the country's wealth (The Telegraph UK, March 2, 2010). Thus, the economic miracle has been partial and any plan to improve opportunities for leisure in everyday life will have to acknowledge how many citizens in urban, rural and floating population have little or no money to spend on it.

Core and Balance Leisure Activities. Leisure may be thought of as both core and balance activities (Kelly and Godbey, 1992). Core activities are those done on a regular basis, usually at home or close to home, inexpensive, and sometimes loosely organized. Examples of core activities might be children playing around an apartment building, watching television, practicing Tai Chi outside one's home, playing Mah Jong or walking to a tea house. Balance activities are the special events that are more highly planned, cost more money, involve travel and provide unique experience. Balance activities in China might be visiting a theme park or an historic site, eating a fancy meal in a restaurant or climbing a mountain. Balance activities usually cost money and are done away from home. While China's government has paid more attention to balance activities, particularly tourism and special mass events and celebrations, the greater need now is to concentrate on the provision of core activities. Balance leisure activities reflect the era of economic growth and often give the opportunity for the display of wealth and status. Opportunities for core leisure activities will improve as part of the era of reform, improving the quality of everyday life.

Certainly, China has begun to pay attention to leisure in terms of government policy. 2011 was the first year in the 12th five-year planning cycle in which improving citizens quality of life has been set as the main objective within national strategic development (Song, 2012). The Chinese National Tourism Administration has played a key role in this process. Considerable capital has been invested in areas such as culture, tourism and sport. Such progress, however, is more concerned with balance leisure than with core leisure. Issues dealing with constraints to leisure opportunities in the daily lives of Chinese people remain. Core activities will receive more attention in the coming era of reform, in which improving the quality of people's everyday life becomes more important.

The Need for Three Types of Leisure Service Organizations. Modern nations which have successfully improved leisure opportunities in everyday life for average citizens have benefitted from three types of organizations providing leisure services.

Government. Government provides many leisure services in the city, country, provincial, and national level. These services include parks, tourism, sport, recreation programs, the arts, playgrounds and many other services.

Corporations. The role of corporations is diverse and includes the mass media, professional sport, theme parks, resort hotels, fancy dining, sport facilities and many other enterprises.

Private, Non-profit Citizen Organizations. These organizations are citizen organizations which are neither profit-making like corporations nor are they part of government, although they may relate to government. In the United States, some non-governmental organizations apply for tax-exempt status.

A 501(c) organization, also known colloquially as either a 501(c) or a "nonprofit", is an American tax-exempt non-profit organization. Section 501(c) of the United States Internal Revenue Code (26 U.S.C. § 501(c)) provides that 29 types of non-profit organizations are exempt from some federal income taxes (Wikipedia, September 12, 2013).

Specifically mentioned in U.S. law as being legal to become such an organization are Religious, Educational, Charitable, Scientific, Literary, Testing for Public Safety, to Foster National or International Amateur Sports Competition, or Prevention of Cruelty to Children or Animals Organizations as well as social and recreational clubs.

Some private, non-profit organizations do not seek such status but are more loosely organized. They may promote a specific leisure activity such as soccer, or a type of activity such as visual arts. Such organizations promote opportunities for leisure, raise money to help promote their cause, and work closely with government to further their cause.

Functions of Leisure Service Organizations. In the United States, all leisure service organizations operate within one or more of the following models (Godbey, 1999).

Culturally Neutral Provider

When acting as a neutral agent, the leisure service organization seeks to provide or sponsor whatever leisure activities, facilities, or services in which its clients express interest. In this role, it is assumed that the agency has no right to impose its own values upon its clients, and should cater to existing leisure interests rather than attempting to create new ones.

Social Change Agent

Some leisure service agencies attempt to change people's behavior or social condition through the use of leisure activity. Such change goes beyond creating interest in a given activity. In such "social engineering", the leisure activity serves as a means to an end; it is a technique or tool to change and, hopefully, to improve society.

Coordinator of Leisure Opportunities

As a coordinator of leisure opportunities within a community, a leisure service organization seeks to maximize the citizen's opportunities to participate in a wide variety of leisure activities. The organization, in this role, takes the initiative in bringing together representatives of commercial, private and public leisure service agencies in order to share information, avoid duplication of each other's efforts, and plan ways to allow joint cooperative use of each agency's programs and facilities.

Provider for the Recreationally Dependent

Here, it is assumed that the leisure service agency should direct its major effort toward providing services to those who are highly dependent upon the agency for meaningful leisure experience or who have a minimum of alternatives to the use of these services. Usually such people are poor and have low education levels.

Enhancement of the Physical Environment

Many leisure service agencies have, as a primary role, the protection and improvement of the environment. Many types of leisure activities are dependent upon certain environmental features or conditions which most people cannot supply individually in urban or suburban areas.

Health Promoter

A variety of leisure service organizations provide services aimed at improving or maintaining the health of those they serve.

Provider of Leisure Education and Counseling

In many cases, organizations concerned with leisure provide information to those they serve about a wide variety of leisure opportunities. Skills and appreciation of specific leisure activities, from karate to flower arranging, also may be taught.

Adjustment to Institutionalization

When people move from private residences to large, group-living situations, their leisure resources, and sometimes their leisure, need change. The institutions served by recreation, park, and leisure service professionals vary widely, but may include: colleges and universities, the armed forces, nursing homes, prisons, hospitals and other group living situations.

Promoter and Facilitator of Tourism

Many leisure services are involved with promoting and managing tourism and other visitation.

In the U. S. three types of leisure service organizations exist. Corporations and businesses, government and private, non-profit organizations work in an interconnected way to provide leisure services, including sports, the arts, parks, special events and celebrations, hobbies, music and other areas of leisure. For example, a child might learn to swim through the program of the YWCA (Young Women's Christian Association), might then swim in a government managed swimming pool or participate in swimming competitions sponsored by the local government's recreation and park department, and then might join a commercial swimming club sponsored by a corporation. China lacks these private, non-profit organizations, but improving core leisure opportunities will necessitate developing more of them.

Strengthening Core Leisure in China. Some of the urban reform of leisure in the U. S., which took place during the period of industrialization, involved forming local recreation organizations, sometimes made up of mothers who wanted safe places for their children to play (Cross, 1990). They set up systems of supervising children while they played and also began to work with government to provide more playgrounds and sporting opportunities. Government worked closely with such groups and slowly playgrounds and sport leagues emerged. Also, citizen organizations interested in close to home leisure opportunities encouraged government to require some leisure resources from those who built apartments. In China, this might mean requiring garden roofs or providing one apartment for the leisure use by all those residing in the apartment before giving permission to build an apartment. This might mean making the special apartment available for birthdays, special celebrations or playing games.

Strengthening core leisure activities will mean the multiple uses of many properties. Streets must be re-claimed for recreation purposes, sealing off roads during certain periods for children's play, sport, festivals, and just walking for pleasure. In several cities in the world, center city roads have been closed; clean buses are made available at no cost—the only vehicles allowed in the center city. Benches are placed where people can sit after work, shop or play. Multiple uses must also be available in parking lots, open areas around factories, rooftops, public schools and government buildings. These efforts have reduced traffic and improved core leisure for millions of people. Additionally, "Traffic Calming" has been implemented in many cities and can increase the pleasure of citizens walking around for pleasure or shopping (See trafficcalming.org).

Strengthening core leisure will mean that government must make some demands on those who build apartments to meet the core leisure needs of residents. In the U.S., this might include requiring the developer to dedicate a small amount of land for a park or for an open space. While China's land prices are very high in urban areas, other things can be requested, such as one apartment in the complex which can be used as a place for leisure activities. Also, garden roofs, places to display art and other leisure amenities can be required. So far, this has not happened often. Under ideal circumstances, the developer would work with residents to plan for their core leisure needs.

During the 1960s in the United States, local governments began providing "portable" leisure services to residents (Kraus, 1972). That is, rather than asking the citizen to travel to a leisure opportunity, the opportunity was brought to them. This included setting up water sprinklers around apartments on certain days, bringing sports equipment to use in parking lots and elsewhere, sending a musician to play or bringing musical instruments for others to play, sending an artist to provide an art class outdoors, or other services. Portable leisure programs increased citizen support for government and made life better for those who received such services. During the urban race riots of the 1960s, portable leisure programs played an important role in calming the situation.

Measuring Need for Leisure. While there is no universal method of measuring need for leisure, several types of measures have been used to assess citizens' need for leisure (Godbey, 1999). Expressed need for leisure attempts to measure the leisure activities that citizens actually participate in and as well as how much time away from work and other obligations they have. (China has undertaken many time use and leisure activity surveys in many cities). Felt need is concerned with leisure activities people say they would like to participate in but don't because of some constraint. In some cases, need for leisure is determined partly by identifying what areas of a city are most dependent on government for leisure opportunities, usually areas with high levels of poverty and crime and low levels of formal education.

Government may also decide to try and set standards for various kinds of leisure services, such a number of playgrounds or soccer fields for every 10,000 people. Finally, need for leisure activities may be created, by promoting an activity thought to be desirable or profitable. In planning for leisure services, it is better to have multiple sources of information concerning leisure need.

Benefits to China of Increasing Core Leisure Opportunities. The activities that citizens participate in during their core leisure shape the culture, society and environment in fundamental ways. For China, investing in core leisure will have many practical benefits.

China is aging rapidly and opportunities for older adults to exercise will increase their ability to live independently, decreasing health costs and the costs of missed work by their children who are required to take care of them. There is increasing evidence that use of leisure is a critical variable in determining individual health (Payne, Ainsworth and Godbey, 2010). Small investments in the core leisure of Chinese citizens will reduce health care costs and increase quality of life.

As all economies become knowledge economies, increasing opportunities for skill-challenge forms of leisure will increase intelligence and the ability of citizens to solve problems. Expanded opportunities for leisure activity in everyday life, particularly for children, will increase the ability of Chinese children to compete in the modern world. Time spent in skill-challenge forms of leisure will do more to increase intelligence and complexity more than time spent memorizing information for a standardized test.

Opportunities for leisure also mean that life, for many Chinese people, will involve a better understanding of self and the world. In the Western world, there is still the belief of Socrates that the unexamined life is not worth living. Leisure is an important arena in which life is examined (Socrates, in Plato, Dialogues, Apology Greek philosopher in Athens 469 BC - 399 BC, http://www.quotationspage.com).

Harmonization in China cannot succeed without the provision of better opportunity of meaningful leisure in everyday life. This will involve a coalition of corporations, government and non-profit citizen organizations.

References

[1] BBC News (May 12, 2010). "Millions 'left behind' in rural China".

[2] Bureau of Labor Statistics. (2013a). American Time Use Survey—Leisure and sports. http://www.bls.gov/tus/current/leisure.htm.

[3] Bureau of Labor Statistics. (2013b). American Time Use Survey—2012 results. http://www.bls.gov/news.release/pdf/atus.pdf.

[4] Chang Y and Card J A. (2013) The impact of ancient Chinese philosophy on contemporary leisure in China. ERIC, 2013.

[5] China Development Research Foundation Feb 2011 report.

[6] Cross G. (1990). A social history of leisure since 1600. State College, PA: Venture Publishing.

[7] Cross G. (1993). Time and money—The making of consumer culture. London, England: Routledge.

[8] DW Journal News, Solar Energy on the Rise in Germany. September 6, 2013.

[9] Godbey G. (1999). Leisure in your life: An exploration—5th edition. State College, PA: Venture Publishing.

[10] Godbey G. (2010). Leisure in your life: New perspectives. State College, PA: Venture Publishing.

[11] Goodin R, Mahmud Rice J, Parpo A, et al. (2008). Discretionary time: A new measure of freedom. Cambridge, UK: Cambridge University Press.

[12] Kelly J and Godbey G. (1992). The Sociology of Leisure. State College, PA: Venture Publishing.

[13] Kitayama S, Uskul A. (2011). Culture, mind, and the brain: Current evidence and future directions. Annual Review of Psychology, 62, 419 – 449.

[14] Kraus R. (1972). Urban parks and recreation: challenge of the 1970s. New York: Community Council of Greater New York.

[15] NASA. Global Climate Change. http://www.climate.NASA.gov.

[16] Payne L, Ainsworth B, Godbey G. (2010). Leisure, wellness and health: making the connections. State College, Venture Publishing.

[17] Pieper J. (1952). Leisure: the basis of culture. New York: Pantheon Books.

[18] Socrates, in Plato, Dialogues, Apology Greek philosopher in Athens (469 BC – 399 BC). http://www.quotationspage.com.

[19] Song R. (editor). Green book of China's leisure: annual report on China's leisure development Number 3. (2012). Beijing: Social Sciences Academy Press.

[20] The Telegraph UK China's wealth gap the widest since economic reforms began March 2, 2010.

[21] Venture Outsource. Report: China manufacturing hourly labor rate, compensation costs impact EMS. [2011, April 17]. Retrieved from. http://www.ventureoutsource.com/contract – manufacturing/2011 – china – manufacturing – hourly – labor – rate – compensation – costs – ems.

[22] Facts About Poverty in China Challenge Conventional Wisdom (April 13, 2009). Wall Street Journal.

[23] Income Inequality in China. (Feb. 2013). China Development Research Foundation Report. Wikipedia.

[24] Poverty in People's Republic of China. (2005). World Bank Report. Wikipedia.

责任编辑:刘彦会

图书在版编目(CIP)数据

中国休闲研究学术报告. 2013 / 马惠娣,魏翔主编. -- 北京:旅游教育出版社,2014.5
ISBN 978-7-5637-2908-1

Ⅰ.①中… Ⅱ.①马… ②魏… Ⅲ.①闲暇社会学—研究报告—中国—2013 Ⅳ.①D669.3

中国版本图书馆 CIP 数据核字(2014)第 057913 号

中国休闲研究学术报告2013

马惠娣 魏翔 主编

出版单位	旅游教育出版社
地　　址	北京市朝阳区定福庄南里1号
邮　　编	100024
发行电话	(010)65778403 65728372 65767462(传真)
本社网址	www.tepcb.com
E - mail	tepfx@163.com
印刷单位	北京京华虎彩印刷有限公司
经销单位	新华书店
开　　本	787毫米×1092毫米　1/16
印　　张	10.75
字　　数	149千字
版　　次	2014年5月第1版
印　　次	2014年5月第1次印刷
定　　价	36.00元

(图书如有装订差错请与发行部联系)